カイルが輝く場所へ

発達障害のわが子がピアニストとして羽ばたくまで

Kihira Yukiko
紀平由起子

NHK出版

右上　2018年5月、都内にて
左上　2019年9月、アルバムのレコーディングに挑戦
下　2019年9月、コンサートの出演者名が書かれたボードの前でサインするカイル

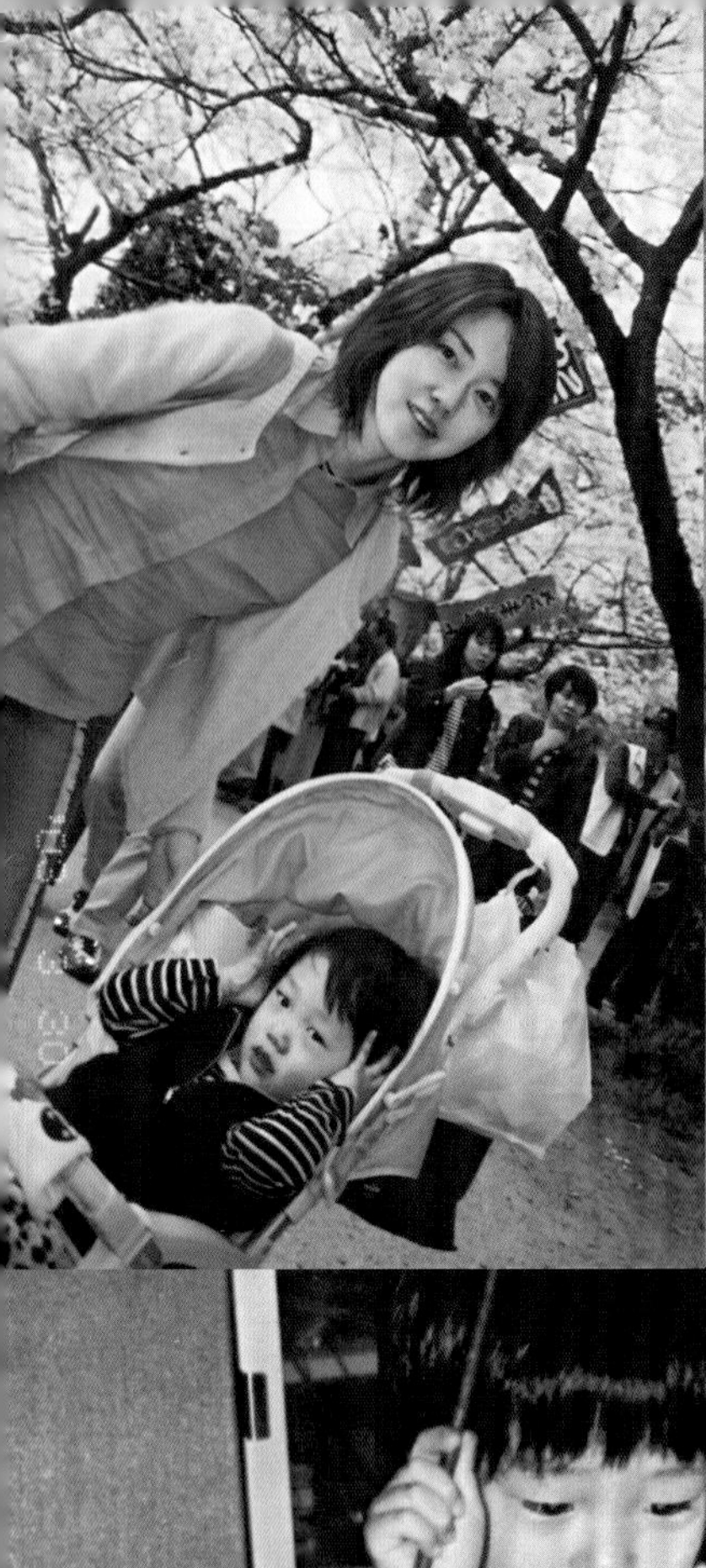

FUK

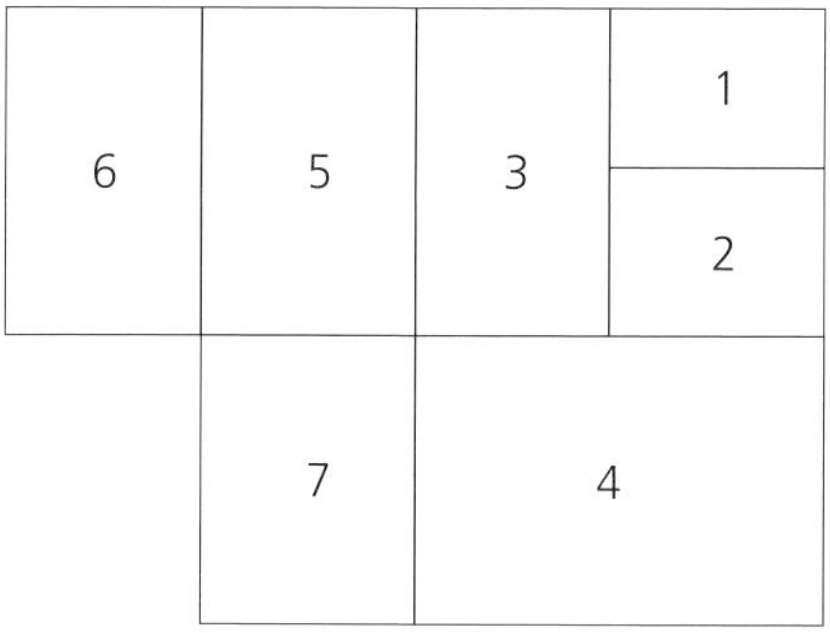

1　お座りができるようになったカイル（6か月）
2　福岡の自宅近くの公園で夫・延久と（1歳）
3　聴覚過敏があることに気づいていなかったころ（2歳）
4　3歳の誕生日にプレゼントされたドラムで遊ぶ
5　感覚過敏が軽いころはよくドライブを楽しんだ（9歳）
6　自然に触れ、五感を刺激中（10歳）
7　発表会終了後、花束を持って記念撮影（12歳）

2019年4月、東京・浜離宮朝日ホールで念願のコンサートを行う（撮影＝山本れお）

はじめに

２０１９年２月ごろだったでしょうか。息子・紀《き》平《ひら》凱《かい》成《る》（以下、カイル）に関する出版のお話をいただいたとき、「おこがましい」といった気持ちが先に立ちました。

わが家のプライベートな話を好んで読んでくださる方など、はたしているのだろうか――。そう感じる一方で、カイルのことをひとりでも多くの方に知っていただけるのなら、とてもありがたい機会だとも思いました。

それであれば親子のいい話ばかりではなく、これまで心のうちに秘めていた負の感情も含めて思い切ってさらけ出すことにしました。

本書を手にとってくださるのはどのような方でしょう。音楽が好きな方、ピアノを演奏する方、あるいは発達障害や成長に凸凹《でこぼこ》があるお子さんをもつ親御さんでしょうか。

わたし自身、アーティストでもなければ、発達障害について語ることのできる医師でもありません。ひとりの母親です。ですから、読者のみなさんに専門的な情報をお伝えできるとは思えませんが、障害のありなしにかかわらず、目の前の壁を乗り越えようとしている方たちに、小さな勇気を届けられたら望外の喜びです。

このあと順にお話ししていきますが、学生のときから音楽をたしなんでいたわたしたち夫婦の影響で、カイルのそばにはいつも音楽がありました。おなかにいるときからいろいろな国の音楽を聴いて育ったカイルは、物心がついたころから父親のまねをしてドラムをたたき、気づくとわたしのエレクトーンを鳴らして遊ぶようになっていました。

そんなカイルが、ある日「ピアノを弾く人になる」と言うのを聞いてから、わたしはその夢に向けていっしょに走ることに決めました。

はじめに

「カイルくんはいいわね。できることがあって」

自閉症と診断されたあと、同じく障害があるお子さんの親御さんからそう言われたことがあります。そのときは少しだけ傷ついて、カイルにだってできないことが山ほどあるのに、と思ったのを覚えています。

しかし、中学生になって生活が困難なほど感覚過敏がひどくなり、心の支えだったピアノが弾けなくなったとき、その人の気持ちがようやく理解できました。人生に音楽という支えがあるカイルは、とても恵まれています。

そして現在、新人ピアニストとして歩み始めたのは、いくつもの幸運な出会いと周囲の多大なサポートがあったからだと実感しています。

本書では、カイルが生まれてから18年の月日を振り返りながら、わたしたち親子を支えてくださった方たちへの感謝の気持ちをつづっていきたいと思います。

いろいろな音やリズムが楽しめる
エレクトーンがお気に入り（1歳）

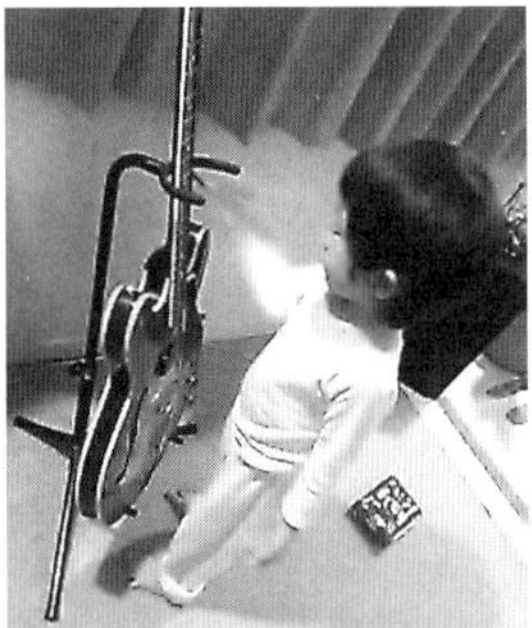

ノブのギターに興味津々のカイル
（2歳）

目次

装丁　國枝達也

カイルが輝く場所へ

発達障害のわが子がピアニストとして羽ばたくまで

第1章　カイルの誕生

母親になる

結婚後わたしは仕事を辞め、1999年の夏から夫の延久《のぶひさ》（以下、ノブ）の転勤先である福岡県福岡市で新しい生活をスタートさせた。

結婚から3年あまりが過ぎ、そろそろ子どもがほしいと考え始めた矢先、毎月定期的に来るものが遅れていることに気がついた。ひょっとしたらと思い、妊娠検査薬を使ってみるとすぐに陽性反応が浮かび上がった。

もしかして！　うれしさと不安が入りまじった複雑な感情が押し寄せたあの日のことは、鮮明に覚えている。

ノブは意外と冷静で、まだ決まったわけではないから、なるべく早く産婦人科に行くようわたしに言った。

誰かに伝えたい――。がまんしきれずに受話器をとり、岐阜県高山市に住む母に電話をかけた。

「もしもし、わたしだけど、おばあちゃん？」

「えっ……。えっ……。由起子、おめでたなの？」

さすが母親だ。すぐにピンときたようだった。

ノブが近寄ってきてわたしの頭をコツンとたたく。「まだ決まったわけじゃないんだから調子にのるな」と言いたげだ。

翌日、産婦人科で診《み》てもらったがどうも早すぎたようで、少し時間を置いてから来るように言われた。そのうちだるさや眠気、食欲不振に吐き気も加わり、わたしは妊娠を確信するようになる。

その日はひどく暑い日で、食欲もなくげんなりしていた。気分をかえるため、日が落ちてから近所の書店に出かけた。義姉が薦めるJ・K・ローリングの『ハリー・ポッターと賢者の石』を探して店内を歩いた。児童書のコーナーに平積みされている分厚いハードカバーの単行本を手にする。

育児書のコーナーにも立ち寄った。初めて手にする育児雑誌。気恥ずかしさを感じながら、どれにしようか悩んでいると急にめまいがした。ふわりとしたあと、目の前がチカチカする、これまで味わったことがない感覚だった。

慌てて2冊の本を抱えてレジに向かう。意識がもうろうとしてきた。カウンターにもたれかかっていると、店員さんが心配して声をかけてくれた。かごのなかの育児雑誌に気づいてくれたようだった。

「大切な体なんだから……」

「ありがとうございます。大丈夫です」

そう告げ、店を出たものの立っていられなくなり、その場に倒れ込んだ。

その後、親切な店員さんが自宅近くまで付き添ってくれた。

帰宅すると、ちょうどノブから電話があった。荒い呼吸で応じるわたしに驚いて、「急いで戻るから」と言うと、電話が切られた。大量の汗をかき、指がしびれて感覚がない。流産したらどうしよう……。

予期せぬ事態に泣きながら母に電話をすると、「とにかく病院に電話してみなさい」と言われる。たしかに、こういう場合に電話をかけるべき場所は産婦人科だ。

医師からまずは足を高くして寝ているように言われ、そのとおりにしていると少しずつ落ち着いてきた。すると収まっていた涙が次から次へとあふれ出てきた。まだ膨らみのないおなかに手をあてて発した言葉は「赤ちゃん、ごめんね」だった。

わたしは母親になるんだ。いや、もう母親なんだ。

のちにこのお騒がせ事件は妊娠初期によくある貧血のせいだとわかった。

音楽が好きな子に

わたしはその日、マリンメッセ福岡のコンサート会場に妊娠4か月のおなかを抱えて座っていた。イングランド出身のミュージシャン、スティングの来日コンサートだ。

せっかくアリーナ席がとれたのに、前の列の人たちが立ち上がったままなので、スティングの姿はまったく見えない。あきらめて、目を閉じて座ったまま音楽に耳を傾けることにした。おなかの子も、わたしたち夫婦のように音楽が好きになってくれるといいんだけれど……。そう思いながら心地よい歌声に身をゆだねた。

じつは、わたしはシンガーソングライターを目指したことがあった。音楽関係の知人の紹介で、当時、サラリーマンをしながらバンド活動をしていたノブと知り合い、4年あまりの交際を経て結婚した。わたしはささやかな新居に、ノブが大きなドラムセットや何本ものギターを持ち込むことに反対はしなかった。音楽が生活のなかにあることは喜びであり癒やしだからだ。

スティングのコンサートのあと、つわりのせいで中断していたエレクトーンの練習を再開した。やっぱり音楽はいいものだ。

わたしはこのころ、胎教のためにあらゆる音楽を聴いた。胎児に好影響があるといわれるクラシックだけでなく、ギリシャやアフリカ、インドネシアなど、ワールドワイドな音楽をCDショップで見つけては聴きまくった。カイルのリズム感のよさは、このときに育まれたものだと信じて疑わない。

イルカのカイル

妊娠5か月に入ってすぐの定期健診で、担当医師から「性別を知りたいですか?」と尋ねられた。一瞬迷ったものの、教えてくれるというのだから聞いておくことにした。

エコー画面を指さしながら医師はこう言った。

「ここ見て。男の子でまず間違いないですね」

やっぱり!　根拠はないが、そんな感じがしていた。

じつは、すでに男の子にぴったりの名前を考えてあった。出会った人に一度で覚えてもらえるインパクトがある名前がいい。

「イルカ」という音がすぐに思い浮かんだのは、ノブがイルカ好きだったからかもしれない。

イルカ、イルカ、イルカイルカイルカイルカイル……。

「カイル！」

言葉遊びの延長でひらめいた名前だったが、音の響きがとても気に入った。アルファベットで書くならKyle。ゲール語（インド・ヨーロッパ語族のケルト語派に属する言語）のcaol（海峡）に由来し、英語圏ではよくある名前のようだ。ノブは海外でも通用する名前がいいと言っていたので、賛成してくれるに違いない。

「カイル、カイル、カイル。イルカのカイル」

妊婦健診の帰り道、車に揺られながら、心のなかで何度も呼びかけていたら涙が止まらなくなった。そういえば、妊娠がわかってからわたしは泣いてばかりだ。

カイルという音に「凱成」という漢字をあてることに決めたのは、ずいぶんあとになってからだ。「凱」の字にはかちどき・和らぐ・楽しむ、「成」の字にはなる・なす・たいらげるなどの意味がある。大海原を自由に、そして力強く泳ぐイルカのように人生を強く生き抜いてほしい。そんな願いを込めて、凱成と名づけることにした。

予定日まで2か月をきったころ、かつて勤めていた楽曲制作会社の先輩であるタカコさんが脳出血で入院したという知らせを受けた。タカコさんは、公私ともに東京生活を支えてくれた人で、わたしは姉のように慕っていた。

タカコさんとはよくモノマネ番組を観ながらいっしょに大笑いした。わたしが元気をなくしていると、近くのおでん屋さんに連れ出してくれたり、ドライブに付き合ってくれたりした。仕事では、わたしには何も言わずに陰でかばってくれたのを知っている。

すぐにでも病院に駆けつけ、励ましたかったが、身重《みおも》の体ではそれも叶《かな》わず、遠くから回復を願った。しかし、タカコさんはそれから1か月も経《た》たないうちに亡くなった。

いつか恩返しをしたかったのに、わたしができたことは、タカコさんへの感謝の気持ちをしたためた手紙とお香典をご遺族宛てに送ることだけだった。せめてもう一度会いたかった。

大切な人の死は、わたしを打ちのめした。そんなわたしにノブはこう声をかけた。

「死があって生があるんだ。そんなに悲しんでもタカコさんは喜ばないよ」

タカコさんに母親になった姿を見てもらえなかった。それでも、遠いところからいまも、そしてこれからも見守ってくれると信じることにした。

喜びの曲「さくら」

２００1年4月2日。カイルは予定日より9日早く生まれた。ノブの仕事のスケジュールが気になって「早く出てきてね」などと話しかけていたからだろうか。

その日は日曜で、仕事が休みだったノブと「出産までに買っておくものリスト」の最後にあったチャイルドシートと抱っこひもをようやくそろえることができた。これで準備万端！　ほっと一息ついたとたん、破水した。病院に連絡すると、入院の準備をして急いで来るように言われ、ノブの運転で慌てて病院に向かう。

健診後、用意された夕食を悠長に楽しんでいると、陣痛らしきものを感じ始めた。周囲から聞いていたほどの痛みではない。カイルはこのまま生まれてくるのだろうか。もしそうならこれは安産だ。

すっかり油断していたら、恐ろしいほどの痛みが次から次へと襲ってきた。しかし、日付が変わってもカイルはなかなか生まれてこなかった。

ずっと付き添っていたノブは、一晩中わたしの腕や腰をさすりながら「がんばれ、がんばれ」と声をかけ続けた。

朝日が昇るころ、ようやくカイルは生まれてきた。首にへその緒が巻きついていて全身紫色だ。すぐに産声が聞こえなかったのでぎょっとしたが、助産師さんが処置を施すと、カイルはかよわい声で「おぎゃっ」と泣いた。

無事を確認することができ、ほっとして全身の力が抜けたところで、生まれたてほやほやのカイルを助産師さんがわたしの横に寝かせてくれた。

「やっと会えたね、カイル」

ノブは朝焼けを見ながら「さくら」という曲を書いた。

星が澄み　風なごむ
静かなとき　なつかしい旅
たくましい鼓動が　夜明けに響く

鳥たちが　舞いおどる
高鳴る胸　わかちあう夢
たおやかに広がる　海のいざない

いま　真っ白なさくら　芽生えたばかりの命　たたえている
おだやかに　舞いおりた朝　出会いをそっと　つつみこむ

けがれない　強い声
天使のうた　結び合う指
まっすぐな瞳が　希望へ続く

いま　真っ白なさくら　芽生えた命を　永遠に　たたえている
おだやかに　舞いおりた朝　光がそっと　照らしだす
いま　真っ白なさくら　芽生えたばかりの命　たたえている
おだやかに　舞いおりた朝　出会いをそっと　つつみこむ

信じあうこと　やさしいこころ　ゆうき　伝えたい
どこまでも　果てしない空　旅立つ君を　守っている

後日、ノブが演奏し、わたしが歌をうたってカセットテープに録音した。もちろん誰かに聴かせるためのものではない。この日の喜びを記録しておくためだけのもので、その後どこかにしまい込んでいた。本書の執筆にあたり、昔のことをあれこれ調べているときに、聴き直してみようと思った。家のなかを探した結果テープは無事に見つかったが、再生する機器がない。そこでインターネットで懐かしのカセットデッキを見つけて取り寄せた。

青春時代にはずいぶんお世話になったデッキにテープをセットする。録音した曲を聴くのはいつぶりだろう。カイルを家族に迎えた日のことが鮮明によみがえってきた。

その日は穏やかに晴れていて、街路樹の桜はもう少しで満開を迎えようとしていた。

無事に生まれてきますように――。

それ以外に望むことは何もないと思ったそのときの感情が、曲とともに再現された。カイルが生まれたときにノブがつくった曲をいまカイルといっしょに聴いている。

どこまでも　果てしない空　旅立つ君を　守っている

その歌詞は、18年後のわたしたちの状況を表しているようだった。

生後2か月のカイル

ふしぎなカイル

「あー」「うー」といった喃語《なんご》（乳児の言葉にならない発声）が出るようになったあと、初めてカイルが発した言葉は「ママ」だった。「パパ」と言えるようになるにはかなり時間がかかり、パパより先に口にしたのは「あお（青）」だ。

1歳の誕生日を過ぎると、時々わたしたちの動きをまねするようになった。

「紀平カイルくーん！」

名前を呼ぶと、元気よく右手を上げる。話の内容も理解しているそぶりを見せ、「カイル、お片づけして」と言うと、熱帯魚のえさが入った容器を定位置に戻した。人間の子どもはこうしていろいろなことを覚えていくのだと、感心したものだ。

英才教育と思われても仕方ない。小さいころからできるだけ英語に触れさせようと、CDや単語カードを買いそろえていた。英語にコンプレックスをもつわたしと、同じ思いをさせたくなかったからだ。

ある日、リビングでディズニーの物語を収載した英語のCDを流していると、カイルがケラケラと声を出して笑っている。何がおかしいのか、耳を澄まして聞いてみると、登場人物が〝Your Majesty（陛下）〟と言うところで大笑いすることがわかった。どうも「**ユア、マ**～ジェスティ～」と抑揚をつけた言い方にはまったらしい。

このころのカイルは緑色に強いこだわりを示した。緑のコップでないと飲み物を口にしなかった。カラフルな積み木のなかから選びとるのも緑の積み木だ。

生まれてすぐに購入した積み木を、2歳近くになっても握りしめているカイルを見た知人は、こうつぶやいた。

「ほかの遊びもさせてあげたら？」

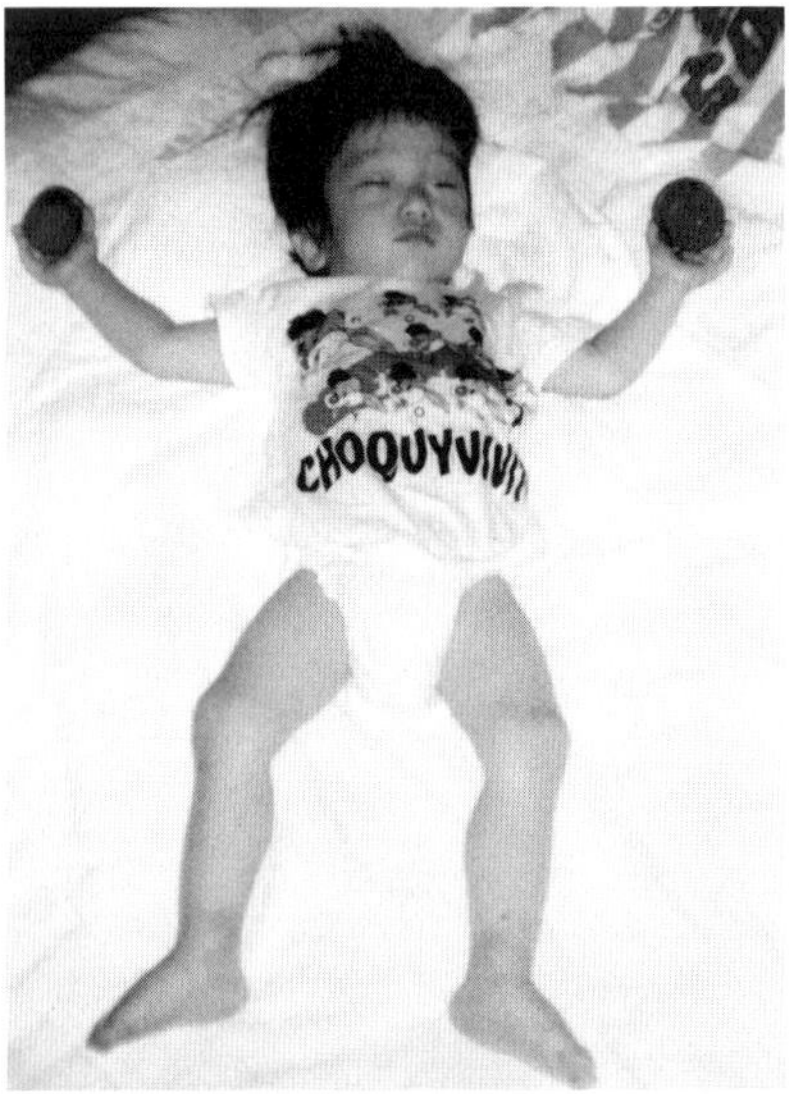

緑の積み木を握りしめたまま昼寝をするカイル
（1歳）

いや、子どもに人気があるとされるおもちゃを買い与えても、ほとんど興味を示さないのだ。そのかわり、スリッパやカード、本やコップなど、リビングにあるものを集めてきては、きれいに並べてうれしそうにしている。また、ドアが少しでも開いていると気になるようで閉めて回った。わたしたちはそんなカイルを、愛情を込めて「ドア閉め魔くん」と呼んだ。

何が楽しいのか、立ったままくるくる回転し続けることもあった。

初めての子育てで、ほかの子と比べるような機会もほとんどないので、子どもってておもしろいな、ふしぎな子だなとしか感じていなかった。

2歳を過ぎたころから少しずつ、「あれ?」と戸惑うことが出てきた。なかでもわたしが気になったのは、言葉の遅れだった。どうして語彙《ごい》が増えないんだろう。

母子手帳には子どもの発達の指針となる質問が書かれている。

1歳半――「意味のあることばをいくつか話しますか?」

「自分でコップをもって水を飲めますか？」

2歳――「2語文（ワンワンキタ、など）を言いますか？」

「テレビや大人の身振りのまねをしますか？」

「いいえ」「いいえ」「いいえ」……。

いいえに丸をつけることが増えていき、不安はどんどん募っていく。「遅い、遅い」「できない、できない」。いつしか、わたしはそればかりを気にするようになっていた。

耳が聞こえていないわけではない。しかし、散歩中に「犬がいたね」「バスが来たよ」などと話しかけても、わたしたちの発話をまねてそれらの言葉を口にすることはなかった。また、こちらが話しかけていることに、じっくり耳を傾ける様子も見られない。

一方、CDから流れてくるアルファベットを記憶し、口にしていることがあった。「犬」「バス」とは言わない子が歩く練習をしながら〝ABC〟を口ずさむのを見て、わたしは混乱した。

ふしぎなことはほかにも起きた。

2歳近くになったころ、幼児向けのキューブパズルを与えてみた。絵が描かれた立方体を縦横3つずつ並べるシンプルなものだが、アヒルの絵を完成させることがカイルにはできなかった。一方、子ども向けのジグソーパズルを渡すと裏返して遊び始め、あっという間に枠にはめることができた。試しに大人向けのパズルにチャレンジさせると、またしても絵のないほうでピースを組み合わせていく。

いったいこれはどういうことなのか。首をかしげる日が続いた。

同じ色・形のブロックを並べて遊ぶカイル（2歳）

第2章　自閉症と診断されて

スペシャルないちご

　カイルが発達障害のひとつ「自閉症」だと正式に診断されたのは、3歳のときだ。

「自閉症だとわかったとき、ショックでしたか?」という質問を受けることがある。もちろん驚いたし、落ち込みもした。しかし、息子・カイルとの時間は診断結果を聞く前もあとも途切れることなく続いていて、障害があると知ったその瞬間だけがとりわけ衝撃的だったかというと、そうではない。

　母親になってからというもの、胸がつぶれそうになるほど心配したこともあれば、眠れない夜もあった。その逆もしかりで母親になって初めて味わった喜びや感動もある。だから、いまとなっては、障害の診断がおりた日のことは数えきれないほどの記憶のなかのひとつだと言える。

近ごろは発達障害についての情報が普及し、ある程度理解も広がっているが、当時のわたしたちは自閉症についてほとんどと言っていいほど知識をもっていなかった。ほしい情報がインターネットを使ってすぐさま入手できるわけでもなく、医療従事者向けの専門書を頼りにするしかなかった。

福岡市の保健所で1歳6か月児健診を受けたとき、医師から「気になることがあるので、2歳になる前にもう一度様子を診たい」と言われた。1歳半を過ぎてもカイルはほとんど話さず、日々不安が募るなか、保健所から連絡がありもう一度診てもらうことになった。

予約当日、連絡の行き違いがあったらしく、保健所の待合室でいくら待っても医師は現れなかった。カイルはじっとしていられず、動き回っている。2時間が限界だった。わたしはあきらめて家に帰った。

その後、民間の小児科で受けた2歳児健診では特段指摘を受けることはなかった。しかし、言葉の遅れのほかにも、わたしたちと目を合わせないことや、こちらの言うことをほとんど聞かなくなっていること、落ち着きがなく常に動き回っていることなど、心配事は増えていた。

2003年の夏、ノブの東京勤務が決まった。引っ越しをすませてすぐ、3歳児健診を待たずに保健福祉センターに足を運んだ。そこで聴力検査と言語検査を受けると要再検査となり、療育（発達に遅れが見られる子どものために施されるトレーニングや教育）を始めるようアドバイスを受ける。

「自閉症の傾向があります」

発達心理学の先生からそう言われたのが、恐らく「自閉症」という言葉を聞いた最初のときだったと思う。

その場にいたノブは、ひどくショックを受けている様子だった。わたしももちろん動揺したが、心のどこかでほっとしていた。カイルのふしぎな行動や発達の遅れに原因があるとわかったことで、何か解決の糸口が見つかるかもしれないという期待が生まれたからだ。

また当時、言葉の遅れ以外は生活で大きく困ったことがなかったので、自閉症だったとしても軽い状態で、治療をすればいつか治るのだろうと思い込んでいた。

帰宅後３人で食卓を囲んだが、重い雰囲気が漂《ただよ》い何を話していいのかわからなかった。その気まずい沈黙を破ったのはカイルだった。

小さな指でいちごをひとつつまんで、わたしに差し出した。いちごはカイルの大好物だ。自分の分を人にあげようとしたことは、これまで一度もなかったはずだ。

「いいの？　カイル。カイルが好きないちごだよ。ママが食べちゃっていいの？」

わたしはカイルに尋ねた。

スーパーで買ったもので、決して高級なものではなかったけれど、あとにも先にもあんなにおいしいいちごは食べたことがない。

絶望

東京に戻ったノブは仕事のため不在にすることが多く、カイルとふたりきりで過ごす時間が増えた。

ある日、インターネットで「自閉症」というワードを検索してみた。

自閉症は脳機能の障害によるものなので治るものではない――。

そういった記述を見ていくうちに、絶望の淵《ふち》に立たされた。この子は将来、どうなるのだろう。不安と恐怖がかたまりとなって一気に押し寄せてきた。椅子からずるずると崩れ落ちるようにして床に座り込んだ。

どのくらいそうしていただろう。ふと気がつくと、部屋のなかを走り回っていたカイルがかたわらにやってきて、細い腕を伸ばしてわたしをぎゅっと抱きしめた。驚いて顔を上げると、ちょうどカイルの胸に耳があたった。

トクン、トクンと、心音が聞こえた。

「どうしたの？　ぼくは、ここにいるよ。ぼくを見て」

カイルがそう言ったわけではない。でも、わたしにはそう聞こえた。

カイルは生きている。先のことは何もわからないけれど、守るべき命がここにある。しっかりしなければ——。わたしは自分にそう言い聞かせて、なんとか気持ちを立て直した。

数か月後、小児医療を専門とする病院を訪ね、子どもの発達障害に詳しい医師に診てもらうことになった。若い研修医たちが近くにいるなかで、担当医師はこう言った。

「ああ、そうですね。この人は自閉症ですよ」

覚悟はしていたものの、あっけないほど端的な物言いに、わたしたち夫婦は茫然《ぼうぜん》とした。

日々多くの発達障害児と接しているため、障害を特別視しておらず、「そう驚くことではありませんよ」といったニュアンスでの発言だったかもしれない。しかし、そのときのわたしたちにそれを理解するのは不可能だった。まるで雷に打たれたような強い衝撃を受け、言葉を失った。

わたしたちが知らない世界

母親が息子について語るエッセイにはなじまないかもしれないが、「発達障害」について少し触れたい。

発達障害（神経発達症）とは、簡単にいえば脳機能の障害（かたより）だ。カイルが診断された自閉症は近年、「自閉スペクトラム症／自閉スペクトラム障害（Autism Spectrum Disorder：ＡＳＤ）」と呼ばれるようになった。知的障害を伴う自閉症と、伴わない「アスペルガー症候群（高機能自閉症）」はスペクトラム（連続体）になっていて、明確には区別できないという概念に基づくものだ。

そのほか発達障害には、「注意欠如・多動性障害（Attention Deficit／

Hyperactivity Disorder：ＡＤＨＤ）」や「学習障害（Learning Disorder：ＬＤ）」などがある。

２０１２年、文部科学省が小・中学生約5万３８００人を対象に行った調査では6・5パーセントの子どもに発達障害の可能性があるとされた。近ごろでは「大人の発達障害」「発達障害グレーゾーン」という言葉も聞かれるようになり、テレビや新聞でも特集が組まれるなど、人々の関心が集まっている。

ひとくちに自閉症といっても、症状のタイプや程度はさまざまだ。厚生労働省のサイトには「主な特性」として以下のように説明されている。

- 相手の表情や態度などよりも、文字や図形、物の方に関心が強い。
- 見通しの立たない状況では不安が強いが、見通しが立つ時はきっちりしている。
- 大勢の人がいる所や気温の変化などの感覚刺激への敏感さで苦労してい

るが、それが芸術的な才能につながることもある。

厚生労働省が健康情報をわかりやすく提供するサイト「e－ヘルスネット」によると、自閉症の半数以上は知的障害を伴い、性別では男性のほうが女性より多い。発生頻度は約100人に1人という報告がある、と書かれている。

カイルの様子を観察していて想像ができたのは、かれが視覚でとらえている世界は、わたしたちが見ている世界とは違うということだ。成長とともにそう感じることが増えていった。

7歳のとき、カイルが描いたわたしの絵がある。母の日にプレゼントされたもので、いまも額縁に入れてリビングに飾ってある。その絵のわたしは、いやに手が大きいのだ。動物園に行ったあとに描いたゾウは、グレーではなく、何色かの絵の具でグラデーションがつけてある。

カイルとわたしたちは見え方が違うのかもしれない

　また、自閉症の人には高い記憶力や計算力をもつ人がいる。カイルも幼いころから数字に興味があり、関心が高まった6歳ごろには人の生年月日を聞くと、その日が何曜日かを言いあてた。

　暗算も得意で、スーパーへ買い物に行くと、かごに入れた商品の値段を頭のなかで足し算していき、レジに表示される合計金額と合っているかを確認する。割引シールが貼られていることに気づかず計算し、合計金額が違うと一気に機嫌が悪くなる。というわけで、このころわが家は割引商品が買えなかった。

　一度歩いた場所はすぐに覚える。車のなかから見た景色も記憶していくので、ナビゲーションシステムは不要だ。

　自閉症の人には地図を偏愛する人がいるらしいが、カイルもよくお絵描き帳に地図を描いている。頭のなかには架空の地球が1号から6号まで存在し、それらの地球は現実の世界とシンクロナイズしていて、実際にある通りや建物、店舗などが、少しずつアレンジされている。自閉症の人はこういったユニークでオリジナリティーあふれる仮想の世界をもっていることが多いという。

そんなかれらを苦しませるのは「感覚過敏」だ。たとえば、肌触りのよいコットン生地のシャツ、活気のある通りから聞こえる笑い声や話し声、いろいろな書体や色で書かれた楽しい看板の文字――。わたしたちにとっては快適だったり愉快だったりするものが、想像を超える不快さで迫ってきてパニックの原因となる。

聴覚過敏で苦しんでいる人たちのブログを読んだことがある。そこには、嫌いな音を聞くと「腹痛をもよおす」「扇風機のなかに指を入れるくらいに痛みを伴う」などと書かれていた。ほかにも、「歯が抜けそうなほどの痛み」「針に襲われる感覚」「気が遠くなる」といったコメントが続き、わたしたちが普段経験することのない身体的苦痛を感じていることを知った。

カイルが自閉症と診断されなければ、一生知ることのなかったことだった。

数字が気になるのか、車に近寄りナンバープレートを指さすカイル（1歳）

ミス・ヨーコの魔法

ミス・ヨーコこと高塚洋子先生は、カイルが2歳半ごろから5歳まで通った幼稚園の園長先生だ。この幼稚園では先生と保護者が一体となって、幼児期の子どもたちの成長を見守り、心の教育、人間教育に力を入れている。

アメリカや日本で幼児教育に携わったのち、ドイツやアメリカで研修を重ねたミス・ヨーコは、その知識と経験を生かして都内にスクールを開設した。子どもの成長をしっかりと見守り、日常生活を整えることや自然遊びなどの生活体験をさせることを何より大切にしている園だと、幼稚園を紹介する書籍のなかに書かれていた。小さな記事だったが、確固たる教育方針がうかがえる内容だった。

東京に引っ越してすぐ、カイルを連れてこの幼稚園を見学しに行った。カイルが2歳半を迎える前のことで、まだ自閉症の診断は受けていなかった。しかし、カイルは落ち着きがなく、視線も合わせない。自分の好きなことに没頭することが多く、誰かと仲よく遊ぶことはなかった。この状態で受け入れてくれる場所はあるだろうか——。わたしは不安で仕方なかった。

園内を見学し、園についての説明を受けたあと、ミス・ヨーコからこう聞かれた。

「しばらくこの子をお預かりしていいですか？」

幼稚園の先生とはいえ、初対面の人にこの子を預けて大丈夫だろうか。そう思いつつミス・ヨーコにカイルを託して、わたしたち夫婦は席を外した。

言われた時間に部屋に戻ると、ミス・ヨーコのひざの上にちょこんと座っているカイルの姿が見えた。じっとしていられないカイルが、初めて会った人のひざの上でおとなしくしている！　いったいどんな魔法を使ったのかと、信じられなかった。

「この先生にならカイルを任せられるかもしれない」

そう感じたわたしたちは、この園にお世話になることに決めた。

ミス・ヨーコの指導は厳しかった。子どもたちに対してではなく、親に対してだ。

園では毎日、先生と保護者が日誌をやりとりする。子どもが家でどのように過ごし、どのようなものを食べたかなどを記入した日誌を登園時に先生に渡すと、降園時にコメントがたっぷり書き込まれた日誌が返却される。

そこに書かれていたのは、わたしに対するミス・ヨーコによる指導コメントだ。とくに注意されたのは、英語を含めた早期教育に力を入れようとしていた点だ。「子どもには成長過程に沿った学びがある」というのがミス・ヨーコの考えだった。

子どもが育っていくそれぞれの過程で、何をしたら成長の助けになるのか、その時期を決して逃さないこと。6歳までは、まず心を育てる。野に咲く花を眺め、身近な動物に触れ、安心できる人にたくさん抱っこしてもらう。そんなふうに五感をたくさん使って心をつくったあとに、自然のなかを駆け回って体力をつける。頭を使うのは、ずっとあとでいい。心を育てる大切な時期に知識を詰め込む学習法は、健全な成長を阻む。そうしたことを、ミス・ヨーコは園生活をとおして根気強く諭してくださった。

言葉の出るのが遅いのを心配して、カードを使って単語を覚えさせようとしていたわたしに、ミス・ヨーコはこう言った。

「りんごのカードを見せて、『りんご』という言葉を教えるくらいなら、本物のりんごを触らせればいいでしょう。実際に持ってみて、色を見て、香りをかいで、むいて食べたらおいしい。教えるべきはそういうことです」

わたしはカイルへの向き合い方を考え直し、価値観を少しずつ変えていった。無理して買った高額の英語の教材も、右脳教育の教室で使っていたカードなども、納戸の奥にしまってカイルの目に触れないようにした。

ある日、カイルが自閉症とわかって落ち込んでいるわたしに、ミス・ヨーコは言った。

「カイルを病気にしているのはお母さんですよ」

わたしははっとした。

「子どもたちはみんな、ゆっくりじわじわと成長していくのだから、発達障害と言われたからといって何かを決めつけたり、お母さんがふさぎ込んだりするのはやめなさい。カイルはカイルでしょう」

ミス・ヨーコの愛のこもった叱咤激励《しったげきれい》は、いまもわたしの支えになっている。このときからわたしたち夫婦は、しっかり前を向けるようになった。


卒園後、ミス・ヨーコとは疎遠になっていた。月日が経ち、カイルが中学3年生のとき、ピアノの発表会に大好きな人たちを招きたいと言い出した。そのうちのひとりに、ミス・ヨーコの名前が挙がった。

「もう何年も会っていないのに、ご迷惑じゃないかしら」

わたしが躊躇《ちゅうちょ》している横で、カイルはもう手紙を書き始めている。

発表会当日、ミス・ヨーコは花束を抱えて喜んで会場に来てくださった。

「カイル、元気だった？」

カイルはあのときの３歳児ではない。ミス・ヨーコがとても小さく見える。ミス・ヨーコはカイルに会うなり、かれを抱きしめ、頬を両手で挟み、顔をのぞき込んで笑った。このときのカイルは視覚過敏がひどく、人と視線を合わせるのが困難だったが、ミス・ヨーコの目を見てほほえんだ。

さすが、ミス・ヨーコ。また魔法を使ってカイルを振り向かせた。

熱血先生との出会い

自宅に近い保育グループに通い始めたのは5歳になってからだ。

ここでは、外で思い切り体を動かすことによって、たくましい心身を育むことをモットーにしている。少人数の縦割り保育で、年齢の異なる子どもたちときょうだいのように交流できるのも魅力に感じた。

わたしは、障害があってもカイルにはできるだけ多くのことを経験させ、そのなかから何か好きなことを見つけてほしいと願っていた。

代表の石川由喜夫先生は、ミス・ヨーコと同様にあふれんばかりの情熱をもった先生だ。

保育グループには園庭がないため、毎日のように近隣の公園まで歩いていいき、どろだんごをつくったり、なわとびやかけっこなどをしたりして遊び回る。芋ほりやよもぎ摘みなど、自然と触れ合うイベントがたくさんあった。カイルは親元を離れて合宿にも参加し、夏はプールや海での水泳、冬はマラソンやスキーといろいろなことに挑戦するなかで、できなかったことが少しずつできるようになっていった。おかげでカイルはいまでも、結構な距離を歩くことができるし、水泳やスキーが大好きだ。

とはいえ、新しいことを始めるとき、カイルは毎回泣いていやがった。一方、「やればできる」と先生はあきらめない。そしてカイルが小さなチャレンジをすると、いつも褒めちぎった。

誰でも新しいことをするときは恐怖心や億劫《おっくう》な気持ちが先に立つが、最初のきっかけさえつかめば、意外とたやすく乗り越えられるし、大きく変わることができる。失敗しても、そこから得た成功体験は、何よりも子どもを成長させてくれる。そんなふうに先生はいつも子どもの可能性を信じている。

「カイルは人が好きなんだね」

先生からこう言われたことがある。自閉症児は社会性が乏しく、コミュニケーションをとるのが苦手だとされているので、先生の言葉にわたしは首をかしげた。そのころカイルは、同年代の子どもたちにはほとんど興味を示さなかった。

しかし、小学2年生のときにこんなことがあった。生涯スポーツ支援のNPO（非営利団体）法人が、障害者のために主催したスキー合宿にカイルとふたりで参加したときのことだ。

夕食後のお楽しみ会で、ある女の子が壇上にのぼり、好きな介助者トップ5を発表した。これは毎年恒例のことで、「今年は順位が上がった！」「下がった」と、盛り上がるそうだ。

その様子を見ていたカイルが突然「ぼくもやりたい！」と言い出した。少女と同じことができるとは思えなかった。しかし、カイルはずんずん前に出ていき、マイクを握りしめた。そして、介助者だけでなく、スキー教室に参加した人たちひとりひとりの名札を見ながら、「15位、△△さん」「20位、□

□さん」と総勢50人ほどの名前を順番に挙げ、かつ「大好きだ」と伝えていったのだ。

ずいぶん時間を使ってしまいわたしは恐縮したが、会の終わりに参加者から「楽しかった」と声をいただいて胸をなでおろした。

先生の言うとおり、カイルはどうも人が好きなようだ。ひとり遊びばかりしていた子が、人の輪に自ら加わる様子を目にすることができ、幸せなひとときだった。

「もうぼくに教えられることはないよ。あとはカイル、自分でできるよね」

そう言って背中を押してもらい、先生から「卒業」したのは小学4年生の冬だった。新しいことに挑戦する力、失敗してもへこたれない力、いざというときの集中力、そして人と接する楽しさをこの時期に学ばせてもらったことは、カイルの一生の宝物になった。

都内の公園で元気よく遊ぶカイル（5歳）

天から与えられた力「ギフテッド」

自閉症と診断されてしばらく経ってから「サヴァン症候群」という言葉を知った。映画「レインマン」のモデルになったキム・ピーク氏をクローズアップする番組でのことだった。

「レインマン」は1988年公開のアメリカ映画で、アカデミー賞やゴールデングローブ賞を受賞し、日本でも話題になった。ダスティン・ホフマン演じる重度の自閉症を抱える兄とトム・クルーズが演じる弟の兄弟愛を描いた感動作だ。主人公は知的障害がある一方、並外れた記憶力と数学の能力をもっていた。

番組を観たあと、サヴァン症候群について調べてみた。「サヴァン」とはフランス語で「学者」という意味だと知った。先天的な障害がある人が記憶や計算、芸術面で特異な力を発揮することを指すらしい。最近では「ギフテッド＝天から与えられた（力）」とも呼ばれ、理論物理学者のアインシュタインや実業家のビル・ゲイツなどもこのギフテッドだったといわれている。突出した能力をもつ一方で、できることとできないことの差が大きく、生きづらさを抱えている人も多いと聞く。

カイルにも少し人とは違う力があるかもしれないと思ったのは、楽譜を読めないのに、一度聞いたメロディーをわたしのエレクトーンを使って正確に再現することができたからだ。

また、イラスト化された鍵盤の上にコード（和音）表が書かれた教本を見せたところすぐに覚えたようで、エレクトーンでコードを弾き出した。試しに「Ｃｍ《シーマイナー》は？」「Ｇ７《ジーセブン》は？」とクイズを出すと、正しくコードを弾いて、わたしたちを楽しませた。４歳ごろのことだ。

また、こんなこともあった。ノブがギターを手に怪訝《けげん》な顔をして、わたしに聞いた。

「あれ？　チューニングが変わっているんだけど、ママ、触った？」

「触ってないよ。そういえば、カイルがいじっていたかも」

「このギター、ちゃんとしたコードになっているんだけど……」

ギターには通常6本の弦《げん》があり、それぞれ「ミ・ラ・レ・ソ・シ・ミ」という音をもっている。弦を押さえずに6本まとめて上から下へジャーンと弾くと、少々落ち着かない音が流れる。メロディーや和音を奏《かな》でるには弦を押さえる必要があるが、ノブのギターは押さえなくても心地のいい和音になっていたのだ。

犯人はカイルだ。

別の日には、また違うコードにアレンジされていた。ギターをチューニングするには、「ペグ」と呼ばれるねじのようなパーツを回して弦を張ったりゆるめたりする。その構造を4歳児はどうやって理解したのか。これはすごいぞ、と思わされた。

関心を示したのは音楽だけではなかった。前述のように数字にも興味を示し、3歳半ごろから計算機のボタンを押して遊ぶようになり、教えていないのに6歳になるころには四則演算（足し算、引き算、掛け算、割り算）を理解していたようだった。

トランプも大好きで、「七並べ」をすると「トランプは全部で52枚、3人に配ると17枚ずつで誰かは1枚多くとる」といったことを瞬時に理解して配り始める。また、縦何枚×横何枚でカードを並べるときれいな長方形ができるかを知っていた。

「この子には変わった力があるのかもしれない」

これだけいろいろ見せられると、そう思わずにはいられなかった。

初めての発表会

5歳になるころからカイルは家でよく聴いていた洋楽の弾き語りをするようになり、保育グループの教室でも弾かせてもらうことがあった。

ある日、カイルの演奏を聴いたママ友から「ピアノをちゃんと習わせてみたら？」と言われたのをきっかけに、彼女に紹介してもらった宮本佳代子先生に会いに行くことにした。

じっとしていられない、人の話がなかなか聞けないカイルに習い事などできるのだろうか。不安が先に立った。

そのときふと、生まれたばかりのカイルの手を見て母が発した言葉を思い出した。

「この子は指が長いから、ピアニストになるかもね」

たしかに、生まれたばかりのカイルは細くて長い指をしていた。まあ、ピアニストになるなんて夢のようだけれど、せっかく神様がちょっと変わった力を与えてくれたのだから、まずはチャレンジさせてみようと考え直した。

レッスン初日、カイルはピアノに触ろうとしなかった。先生の言うことも全然聞かず、ピアノの近くに置かれた鉄琴ばかり鳴らして遊んでいる。とほほ、これでは先が思いやられる。

しかし、先生はカイルにピアノを弾くよう無理強《じ》いすることはいっさいなかった。そして4か月後、カイルに発表会の機会を与えてくださった。

「1曲、好きな曲を弾いていいですよ」

先生の言葉を受けて、ジョン・レノンの「イマジン」をノブとセッションすることに決めた。カイルがピアノと歌を担当し、ノブがギターを弾く。お気に入りの曲なら、自分から練習するに違いないと思ってのことだったが、あっという間に弾けるようになった。

このとき驚いたことがあった。自分の演奏に合わせて英語の歌をうたってみると、奏でたキーが自分の声に合わないことに気づいたらしく、とっさに伴奏を移調（キーをかえること）したのだ。それを見てわたしは神様から与えられたふしぎな力を楽しむことに決めた。

発表会の第1部と第2部では先生がカイルのために選んだ曲を弾き、アンサンブルの部で「イマジン」を披露した。

わたしは、カイルが動き回ったりしないかが気になって、待ち時間も演奏中もひたすら本人から目を離さずにいた。そのせいで、初めての発表会だというのにカイルの演奏をビデオに撮ることができなかった。そんな親の心配や緊張をよそに、カイルはいつもどおり演奏を楽しんでいた。

小学校入学時の迷い

小学校入学にあたり、特別支援学校に入るのか、公立小学校の特別支援学級に入るのか、それとも普通学級に入って必要なときだけ特別支援学級に通級するのか、決断しなければならなかった。

障害の有無にかかわらず、いろいろなことにチャレンジさせたいという思いから、できれば公立小学校の普通学級に進んでほしいと思っていた。ただ、背伸びをさせれば本人の負担になるかもしれない。岐路に立たされ、揺れに揺れた。

わたしは元来、迷うことがあるといろいろな情報を徹底的に集めて調べ、可能性をいくつも並べてから、納得いくまで考えないと気がすまない。やりすぎて反省することもあるが、カイルは判断できないので、わたしたちが決めるしかない。

まずは、自分の目で学校を見てみようと思い、自治体の窓口に相談に行き、通える範囲にある公立小学校の特別支援学級や普通学級の様子を複数見学させてもらった。普通学級は学校ごとに大きな差は感じられなかったが、特別支援学級の雰囲気は学校によって違っていた。通っている子たちの障害の種類や程度にも差違があるのだから当然だ。

カイルにどの学校が合うのか、外から見ているだけではわからなかったため、校長先生や特別支援学級の先生にカイルの話をし、相談にのってもらった。先生方は口をそろえてこう言った。

「この子のためにも、特別支援学級のほうがいいと思います」

ベテランの先生方がそうおっしゃるのなら、きっとそうなのだろう。しかし、幼稚園生活に思ったほど大きな困難がなかったこと、聴覚過敏は表れていたが、この時点では軽度で、コミュニケーションが比較的とりやすいこともあり、普通学級でも問題がないのではないだろうかという思いを捨てきれなかった。

進路を決めなくてはならない時期はすぐそこまで迫っていた。実際、自治体から送られてきた通知でも特別支援学級が指定されていた。

そんなさなか、休暇を利用してマレーシアに家族旅行に出かけることにした。一度大自然のなかにカイルを連れていきたいと思っていた。ずっしり重いものを心に抱えたままの旅ではあったが、転機はそこにあった。

2泊目の朝、わたしたちは早起きをして、ホテルに隣接する自然あふれる森を散歩するイベントに参加した。都内ではもちろん経験のできないことだ。カイルは喜ぶに違いない。

参加者は10人くらいだっただろうか。英語を話す現地のガイドさんを先頭に森のなかへ入っていく。このときカイルはほかの人たちに歩調を合わせることがまったくできなかった。ひとりで先に動き出したり、別の方向に行ったりして、わたしたちは必死にあとを追いかけた。

ガイドさんが植物や動物について説明してくれるときも耳を傾けることはなかった。その光景を見て、初めて小学校生活を送るカイルの姿が〝リアル〟に想像できた。もし、普通学級に入ったら、同じようなことが日々起きる。集団の輪に入れなければ、カイルの安全を確保することさえ難しいかもしれない。

なぜ、先生方が特別支援学級のほうがいいと助言してくださったのか、時間がかかったがようやく理解できた。特別支援学級に通わせよう。ノブにそう伝えるとこう言った。

「ママがそう思うなら、それがいいんじゃない」

日常、カイルのそばにいるわたしが納得することがもっとも大事、というのがその理由だった。

帰国後、いくつかの特別支援学級を見学させてもらい、歩いて通える距離で支援学級の先生たちも親身に接してくれた学校に決めた。

マレーシアの旅行でガイドさんの話が聞けない
カイル（6歳）

第3章

「ピアニストになる」

ぴかぴかの1年生

濃紺のランドセルは、カイルの祖母がはりきって買ってくれたものだ。周囲から「小学生になるんだね」「楽しみだね」などと声をかけられて、どうやら楽しそうな場所だということはカイルも理解できているようだった。

桜が舞う入学式の日、校門の前で撮った写真のカイルはやわらかく笑っている。無事にこの日が迎えられたことが、ただただうれしかった。

聴覚過敏があるため大きな音が苦手で、落ち着きがなかったが、人前で大声を出したりパニックを起こしたりするようなことはほとんどなかった。入学当時、語彙は少ないものの、先生方の配慮のおかげでコミュニケーションもとれていた。

しかし、このころから自分の世界に入り込むことが多くなった。指を使って空中に文字や模様を書く「空中書き」を始めると、まわりの景色が見えていないようで赤信号でもお構いなしに進んでいく。どれだけ危険なことかを伝えてもカイルはやめなかった。いつ交通事故にあってもふしぎではない状況で、登下校の付き添いは必須だった。

カイルが通う公立小学校の特別支援学級には全学年で24人の子どもたちが在籍していた。1・2年生はカイルを含めて5人で、担任の先生と副担任の先生が受けもってくれた。

障害の種類や程度、学習の理解度も異なるため、学習は各教科で能力別の授業を受けることができる。カイルの場合、理解に時間がかかる文章読解などはゆっくり学習し、得意としていた漢字や計算は先に進めた。個々の適性や能力に合わせて授業が行われるのは特別支援学級ならではだ。

入学後、カイルにうれしい変化があった。同年代の子どもたちに関心をもち始めたのだ。それまで自分に合わせてくれる大人とコミュニケーションはできても、年の近い子どもたちに自らかかわることはほぼなかった。それが、1学期が始まってしばらくすると、同じクラスの子の名前を口にするようになったのだ。

「〇〇さん、先生にしかられた」

「△△さん、給食おかわりした」

「□□くん、消しゴムをわすれる」

友だちと呼べる関係を築いているかどうかはわからなかったが、お絵描き帳にはクラスメートの名前がたびたび登場するようになった。カイルから学校の様子が聞けるなんて、わたしはスキップしたい気分だった。

カイルは同じクラスの髪を丸刈りにしていたNくんのことが気になって仕方がないようで、近くに行って頭をなでまくる。先生が注意してもなかなかやめない。Nくん、カイルがしつこくしてごめんなさい。でも、家族や信頼している先生をのぞいて、自分から人の体に触れに行くなんてことはなかったので、カイルはあなたのことが大好きだったのだと思います。

　このころから、少しずつだが集団行動ができるようになっていく。自分の外にも世界が続いていることに気づいたのだろうか。それらに目を向けられるようになり、その環境に慣れようとしているようだった。

　たとえば、カイルは病院が大嫌いで診察を受けるのも毎回一苦労だったが、保健室でみんながおとなしく健診を受けているのを見てからは、抵抗することなく受診できるようになった。

　また、学校生活でのルールも、クラスメートを見本にして徐々に覚えていった。健常児ならできて当たり前のことかもしれないが、わたしたちにとっては、カイルの小さな成長のひとつひとつが大きな喜びだった。

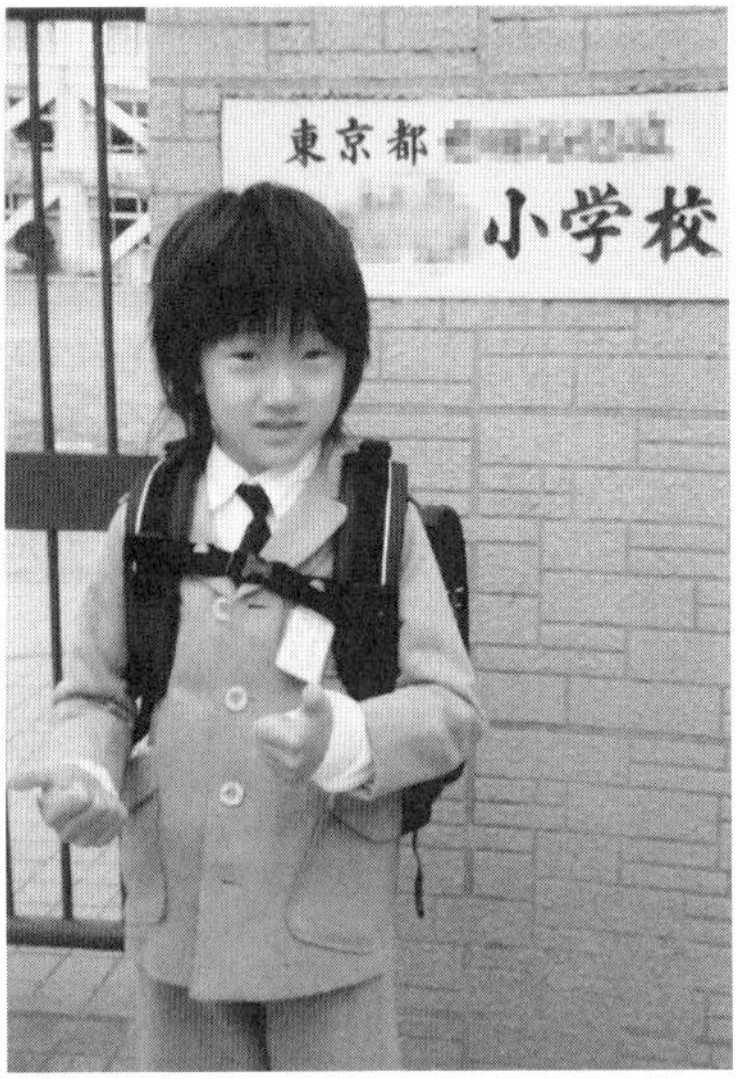

2008年4月、入学式当日のカイルはカメラのほうをしっかり見ている

「ピアノを弾く人になる」

障害のある子どもをもつ親なら、きっと自分たちの死後のことを考えない日はないだろう。

周囲のサポートがなければ、カイルにはできないことのほうが多い。それでも好きなことを見つけて、どのようなかたちでもいいので社会にかかわって生きていってほしい。その道筋をつけなければ、安心して死ぬことはできない。そのような思いから本人が前向きな気持ちで続けられることをひとつは見つけてやりたいと思っていた。

小学1年生の夏前のこと、学校で周年誌を作成するために将来の夢や目標を問われたカイルは、「ピアノを弾きたい」と答えたという。

担任の先生からその話を聞いて、わたしは驚いた。「ピアノを弾きたい」と言ったからではない。自閉症児は未来のことを想像するのを苦手とするものだと認識していたため、大人になったときの自分を想像することがカイルにできるとは考えていなかったからだ。

「本当にカイルがそう言ったんですか？　先生が引き出してくださった答えではなくて？」

つい、前のめりになって聞いた。

わたしが一向に信じようとしないので、先生は翌日カイルに、将来の夢について再度尋ねてくれた。

「ピアノを弾きたい」

カイルは前日と同じように答えたという。

そうか、カイルはピアノが好きなんだ。まじめに練習はしないけれど、水泳やスキー、ノブが教えるドラムよりもピアノが好きなんだ。

本人からそう聞いたことがなかったのは、わたしたちが尋ねなかったからかもしれない。それならば全面協力するべし！　わたしたちはわが子の夢を応援することに決めた。

カイルは2年生になるとクラシック音楽をさらに好むようになった。学校で聴いたのをきっかけに、「モーツァルトの『ピアノ協奏曲21番』をもっと聴きたい」とねだったり、「ガーシュインの『ラプソディー・イン・ブルー』が好きだ」と言ったりして、徐々に好みを表現するようになった。

このあと長年お世話になる久保田彰子《あやこ》先生にピアノを習うようになったのもこのころだ。

夢に向かってまっしぐら、といきたいところだったが、カイルは好きな曲ばかり弾いて、単調な練習曲は弾こうとしない。わたしは焦ったが、そのようなとき先生はいつもこう言ってくださった。

「あまり厳しく基礎練習をしたら、カイルくんのピアノのよさが消えてしまう。気分がのればとてもすばらしいピアノを弾くから、その感性を大切にしましょう」

そうだ、焦ってはいけない。せっかく習い始めたピアノを嫌いにならないことを第一の目標にレッスンに通った。

3年生ごろからは、即興で作曲することも覚えていった。モチーフは、住んでいる街だったり、好きな電車だったり。身の回りにあるものからヒントを得て曲をつくり始めた。

学校にいる以外の時間はピアノ部屋にいることが増えていき、気分さえのれば、練習にも取り組めるようになっていった。とはいえ、相変わらず楽譜を読むのは苦手だ。耳で音やリズムを聞きとってそのまま弾く習慣はなかなか直らず、楽譜に書いてある指番号や「f（フォルテ）」や「p（ピアニッシモ）」といった強弱記号の指示に従って弾くことは、カイルにとってなかなか難しいようだった。

ピアノを楽しむだけなら、そううるさく言う必要はないのかもしれないが、難度の高い曲を弾きこなすためには、正しい指づかいをマスターする必要がある。もし「ピアノを弾く人」になるなら、基礎が重要であることは、素人《しろうと》のわたしでもわかっていた。わたしはついつい口うるさくなり、カイルにいやがられた。

「ママ、向こうに行って」

そう言い、悲しいかな、わたしの手を払うこともあった。

楽譜上の指示記号が、カイルにはきちんと見えていないとわかったのは、もう少しあとのことだった。どうも必要な情報として脳の視覚野で正確にとらえられていないようだ。

父と息子

父子の関係は、母子のそれとはまた違うもののように見える。

ノブは、どんなに小さいことでも、カイルが上手にできたこと、がんばったことがあると、髪がぐしゃぐしゃになるほど頭をなでて、思い切り抱きしめる。

「すごい！　すごい！」

「よくできたね」

「もしかしてカイル、天才なんじゃない？」

子どもは褒めて育てよと聞くが、ノブはそういった教えからカイルを褒めているというより、驚きやうれしさが自然とあふれ出てくるような感じだ。

9歳の誕生日を迎えたカイルとゴンドラに乗るノブ

ノブはカイルのピアノを聴いて涙を流す。その姿を本人やわたしにも隠さず見せる。

一方、厳しく接することもある。障害があるからといって人に迷惑をかけていいことにはならない。公共の場で大声を出したり、危険なことをしたりしたときは、強い口調でしかることがあった。

小学2年生の担任の先生から、「登校時、カイルくんの機嫌が悪いことが多い」と言われたことがあった。先生がカイルにその理由を尋ねると「お父さんにしかられた」と告白したそうだ。

学校に行くときは、たいていノブが付き添っていたので、道すがら厳しく注意され、仲直りをせずに学校に着くと、そのまま暗い気持ちをひきずっていたのだろう。

ずいぶん昔の話だが、当時のことをノブははっきりと覚えていて、何かにつけて「あのころは、つい感情的になってひどいおこり方をしていた」と口にする。

思えば、そのころのわたしたちは自閉症児の特徴についてまだ理解が浅かった。カイルが突然大声を出すにはなんらかの理由があるはずだ。しかし、パニックが起きているときに何を不快に感じているかを事細かに説明することができない。わたしたちはその原因を見つけ出すよりも、「人様《ひとさま》に迷惑をかけてはいけない」という気持ちのほうが先に立った。

しかし、カイルは激しくしかられるとパニックを起こすので逆効果だ。

「もうそのくらいにしたら？」

わたしが仲裁に入ると、ノブは「ママは黙ってて！」とおこり、カイルはさらに泣きわめく。一度そうなると、その場を収めるのは難しかった。

後述するが、小学校に上がったころからわたしたちは「応用行動分析学」に詳しい高橋玲子先生から療育の指導を受けるようになる。

応用行動分析学とは心理学の一分野で、その理論は発達障害がある子どもの「問題行動」を予防し、改善するために用いられることも多いそうだ。

子どもの問題となる行動を大人がじっくり観察し、どういうときにそれが起こるかを知り、予防できるよう声のかけ方や環境を調整していく方法だ。

高橋先生との出会いによって、わたしたちはカイルへの接し方を少しずつ変えていくことになる。問題行動があったときにも、ただおこったり注意をしたりするのではなく、どうやって好ましい行動を引き出すか、具体的な解決方法を学んだからだ。

空中書き

高橋先生を知人から紹介されたのは、小学校に入学してしばらくしてからのことだ。

ＮＰＯ法人日本ポーテージ協会（発達に遅れや偏りがある子どもの相談にのったり親の支援をしたりする団体）に所属する先生は、当時ダウン症児の発達相談を主に担当されていたが、行動分析学に基づいて発達障害児の支援も始めたところだった。

療育をスタートするまで、わたしはその必要性をそれほど実感できていなかった。しかし、先生との出会いで親子関係は少しずつ変わっていく。

これは初めてカイルが療育指導を受けた日の先生のメモだ。

〈カイルくんについて〉
●視線は合わさないが、人懐《なつ》こい面もありラポール（心的交流）はとれる
●エコラリア（人の言葉をオウム返しすること）になりやすい
●会話のやりとりは難しい
●机に向かっての学習はできる
●集中が途切れると耳をふさいでソファーに行く

〈家庭環境について〉
●雑音がほとんどなく、とても静か
●耳を澄ませばエアコンの音が聞こえる

〈ママについて〉
●純粋で生《き》まじめで、少しかたいところがある
●苦手なことは少しずつ慣れさせることで克服しようとしている

- 大きな声を出すのをやめさせようとしている
- 空中書きをやめさせようとしている
- 目を見て挨拶させようとしている

このころのカイルは、視線を合わさない、口に手を入れる、食事中にうたいながら食べる、いつもひとり言をつぶやいている、突然大きな声を出すなど、気になることが増えていた。

いちばん困っていたのは、前に触れた「空中書き」だった。手をひらひらさせ、頭に浮かんだ文字や絵を書きながら道を歩く。事故にあわないためにもなんとかならないかと考えていた。

しかし、先生は「空中書きやひとり言など、カイルが感覚遊びとして行っていることは時間や場所をつくって好きなだけさせてあげなさい」と言う。そのかわり、外を歩くときはかばんを手に持たせるなど、物理的に空中書きができない状態をつくり出すのだ。それを実践しているうちにカイルの空中書きは少しずつ減っていった。

自閉症児の発話はイントネーションが単調だったり、肯定文・疑問文・命令文などの使い分けができなかったりすることがあるが、その場で毎回直しても効果はないそうだ。疑問文の使い方を伝えるときは、「?」が書かれたカードを利用しながら会話のやりとりを教えていくといい、とアドバイスを受けた。

鼻歌をやめさせたいときは、「やめなさい」と言うのではなく、いっしょに鼻歌をうたってみる。するとカイルはわたしに向かって「静かにする!」と言うので、「じゃあ、カイルもね」と言うと、鼻歌をやめる。しばらくして鼻歌が出たらまたいっしょにうたうと、カイルもやめる。これを繰り返し続けるのだ。

また、年齢にふさわしくない行動を減らすには、注意したり叱ったりするのではなく、「嫌悪刺激」を受けるよう環境を操作するよう教わった。

カイルは日ごろ、ペンのインクが手につくのをとても嫌う。公共の場でわたしに抱きつくのをやめさせようとするなら、しっかり化粧をするよう先生からアドバイスを受けた。実際にそうしてみると、カイルは口紅やファンデーションが自分につくことをいやがって、その行為を控えるようになった。このように、行動の前後を分析することで、わたしたちは問題行動を解消していくことを学んだ。

否定語を使わないことを教えてくださったのも先生だった。わたしは先生から学んだ応用行動分析学の原理をノブに伝え、ふたりで実行できるように努めた。

「パートナーをうまくハンドリングするのも大切なことですよ」

先生はそう言って笑った。

カイルの成長

生来楽天的なわたしだが、心にダメージを負う経験をした。

カイルが小学3年生のとき、わたしは特別支援学級の保護者会で学級代表を務めていた。特別支援学級では、学年ごとではなく、全体から学級代表をふたり選ぶ。

学級代表は先生と保護者のパイプ役としてクラスの親睦を図り、よりよい人間関係をつくり出す組織のかなめとなる。なかにはわが子の障害にまつわる深刻な悩みを抱える親御さんもいて、学級代表として役に立ちたいという思いから、おせっかいにもお茶に誘って話を聞いたりした。

毎年恒例の親睦会はお互いの悩みを語り合う場となっていたが、少しでも楽しい時間を提供したいと、いつもとは趣向が異なるゲームを企画した。そういった出すぎた態度がいけなかったのだろう。はりきりすぎたのかもしれない。わたしは人間関係にトラブルを抱えた。

そのことが直接の原因なのかどうかははっきりしないが、体調が徐々に悪くなっていった。カイルが通うスイミングスクールまで迎えに行った日、呼吸ができなくなり、その場に倒れ込んでしまった。過呼吸だった。心療内科では「軽い鬱《うつ》か自律神経失調症でしょう」と言われ、漢方薬を服用しながら時間をかけて治療していくことになった。

4年生に上がるころからわたしは寝込むことが多くなり、カイルの世話もままならなくなった。ノブは率先して家事を手伝うようになり、毎日カイルを学校に送っていった。下校時は、同郷で友人の陽子ちゃんや義母の力を借りた。

いつもと違う雰囲気を察してか、カイルは感情を爆発させることが劇的に減った。黙ってわたしの背中をさすったり、キッチンに来て「手伝う」と申し出たりすることがあった。

4年生の夏ごろだっただろうか。近所の神社から帰ってきたノブから、カイルが「お母さんの病気、よくなるように」と懸命に手を合わせていたと聞いた。以前その神社にふたりで行ったときは、「夏休みにプールに行けますように」とお願いしてわたしを笑わせたカイルが、神様にちょこんと頭を下げて祈願する姿を思い浮かべると、目頭がじんわり熱くなった。

カイルを心配するのがわたしの役目なのに、子どもに心配されているようではダメだな。早く元気にならなければと感じさせられた出来事だったが、不調はしばらく続いた。

コンクールに挑戦

カイルが初めてピアノのコンクールに出たのは小学4年生のときだ。

カイルはそれまでクラシック音楽だけでなく、ジャズやポップスなどジャンルを問わず好きな曲を弾いていた。ピアノのレッスンは以前に比べてだいぶまじめに取り組むようにはなっていたが、まだいやがることもあり、久保田先生からも「波がある」と指摘されていた。

「でも、いいときのカイルくんがかもし出す音楽はとてもいい。カイルくん自身の曲になっている。だから、コンクールに挑戦してみない？」

先生にそんなふうに言ってもらえるならやってみようか、と思えた。

あとから思えば世間知らずもいいところで、穴があったら入りたい気分だ。小学生からコンクールに出るようなお子さんは生まれもった才能があり、かつ幼いころから英才教育を受けていることが多いのではないだろうか。それを知っていれば固辞しただろう。とはいえ、無知であるがゆえ挑戦させられたのだから、よしとしよう。

ちょうどそのころ、わたしたち夫婦はカイルのピアノと向き合う覚悟を固めようとしていた。これまでカイルにピアノを弾くことを無理強いさせたことはなかった。本人の意思で続けてきたと言えるだろう。カイルが輝く場所があるとすれば、そこには音楽が必須だろうと思えてきた。

カイルは「ピアニスト」という単語を覚え、「ピアノを弾く人」ではなく「ピアニストになる」と言うようになっていた。

それならもっと基礎練習を積まなければいけないし、勇気を出してコンクールのような場にも出て、どのくらいの位置にいるのか客観視することも必要だろう。そう考えて挑んだコンクールだったが、会場に足を運ぶとそこは想像以上に異質な空間だった。

舞台に置かれた1台のピアノ。客席に観客はおらず、数人の審査員が無表情で座っている。演奏者は名前ではなく、登録番号で呼ばれる。カイルは番号で呼ばれることに慣れていなかったので、わたしが横で「ほら、いまの番号はカイルだよ。行っておいで」とささやいた。

おじぎの仕方にも決まりがあるが、カイルにはできなかった。

参加者の演奏が終わると、審査員の名を伏せた状態で、点数だけが壁に貼り出される。その日の演奏は、カイルらしいものではなかった。久保田先生にも「いつもの演奏ができなかったね」と言われたくらいだ。

ピアノコンクールとは、練習してきた成果を披露し合う場所、そして競い合う場所だということを思い知った。家族や知人が聴きに来て、温かい拍手や笑顔を送ってくれる発表会などとはまったく違うものなのだ。重々しく冷たい雰囲気にすっかり圧倒されて自分らしい演奏ができなかったカイルは、「早く帰りたい」と口にした。

それでも、カイルはその後もコンクールにチャレンジした。結果は審査員によって極端に分かれた。カイルの世界観が評価された場合は高得点がもらえたが、技術点に評価の軸が据えられるとたちまち評価が下がる。

コンクールは予選、本選、全国大会と段階を踏んでいくので、年に何度も緊張感を味わうことになる。そして、帰りの車のなかで結果にかかわらず、ノブは毎回泣いた。評価が低かったときは、こんな悔しい思いをするならやめればよかったと泣き、高評価がもらえたときは、感謝で胸がいっぱいだと言って涙を流した。

コンクールに出続けながら、評価がどうであれ、わたしたちはこの子が弾くピアノが世界でいちばん好きなのだと再確認することができた。

第4章　ピアノが弾けなくなる?!

聴覚過敏の始まり

小学校高学年になるとカイルの体に大きな変化があった。まるで火山が爆発するように聴覚過敏が噴き出したのだ。

幼いころから、雷や花火などの大きな音を怖がって耳をふさぐことはあったし、小学校に入ってからは運動会のピストルの音や、太鼓の音など苦手な音はあった。とはいえ、毎日耳にする音ではないので、気をつけていれば、生活にさしたる支障はなかった。

しかし、5年生になったころからふとした拍子に大声を出すようになった。外を歩いているときも家にいるときも、突然パニックが起きる。

「あーあー、あーあー」

耳を手で押さえて、体をよじる。苦しそうだ。

「どうしたの、カイル。何がいやなのか教えて」

しかし、カイルは答えない。

いつパニックが起きるか予測ができないので、未然に防ぎようもなかった。医師に相談すると、第2次性徴によるホルモンの変化が関係しているのかもしれないとのことだった。

「成長とともに落ち着いていく可能性もありますよ」

そう言われたが、この状況がしばらく続くと考えるだけで不安で仕方なかった。

何がパニックの引き金になるのか、原因を突き止めるため、わたしはカイルの行動を観察した。不機嫌になったりイライラした様子を見せたりしたときの時間や場所を書き留め、そこに決まったパターンがあるか否か、音がしているならそれはどういった種類の音かを確認する。

たとえば、近所の緑道を散歩しているときに、突然耳をふさいで泣き出したことがあった。２週間前に通ったときは普通に歩けたのに、何が問題なのか――。付近にいつもと変わった様子はない。別の日に同じ場所をもう一度歩いてみるとまた泣き出す。

どんな音が聞こえるか耳を澄ましてみる。小鳥の鳴き声、車のクラクション、通りすがりの人の会話……その奥から水の音がする。緑道の奥に小さな渓谷があり小さな滝が流れているのだ。道路を歩いているだけでは気がつかないほどかすかな音だ。原因はこれかもしれない。

一度ではわからなくても何度か同じ場面を経験することで、見えてくることがあった。この方法で、カイルを不快にさせているであろう音を見つけていった。

それらの対策を講じたものの、無情にも苦手な音は急速に増えていった。テレビやドライヤー、携帯電話の呼び出し音、金属のスプーンやフォークが陶器の皿に触れる音をひどくいやがった。

また、誰かがくしゃみや咳《せき》をすると、その音をかき消すためなのか、「うーうー、うーうー」とうなり声を出す。これが家のなかなら落ち着くのを待てばよいが、外は周囲の視線がおおいに気になる。

電車やバスの車内アナウンス、スーパーのレジの音、コンビニの入店を知らせるメロディー、犬の鳴き声など、外の世界はカイルにとって不快な音であふれていた。

わたしたちはテレビを観なくなり、買い物にカイルを連れていくのはやめた。携帯電話やパソコンはサウンドをオフにし、食事中は音を立てないようにそっと箸を口に運んだ。それでもカイルが耐えられなくなると、食器を紙製のものにかえた。

そのうち意図的に自らの体を傷つける自傷行為が現れた。顔や腕などを真っ赤になるほど強くつねるのだ。

「カイル、お願いだからやめて。そんなことしたらカイルの指が痛いよ。ピアニストになりたいんでしょう?」

もうそれ以上自分を傷つけないように、わたしの手のひらで小さな手を包んで閉じ込めた。

　時間が経過して、ようやく呼吸が落ち着いてくると、カイルは自分のしたことを振り返って自己嫌悪に陥るのか、わたしに謝る。

「ママ、ごめんなさい」

　この子は何も悪いことをしていないのに、どうしてこんなつらい目にあうのだろう。できることならかわってやりたい。

「つらかったね。痛かったね」

　そう言っていっしょに泣き、抱きしめることしかできなかった。

笑いにかえて

小学5年生の夏休み明け、手を洗う行為をやめられなくなった。同じことを繰り返すのは自閉症の特徴ともいわれるが、いつも寝る前に行為が始まるので、わたしたちは頭を抱えた。

洗った手をふかずにベッドに入ってきて、ひどいときは1分ごとに洗面所に向かう。深夜になっても、洗面所と寝室を往復する。

学校でもパニックを起こすようになった。突然大声を出すカイルにがまんならなかったのかもしれない。クラスメートから乱暴な言葉を受けるようになる。帰宅後もその光景がフラッシュバックするのか、しくしくと涙を流し、夜中に目を覚ますことが増えていった。子ども同士のことに親が口を出すのはフェアではないが、わたしはこの状況を学校の先生に相談し、学校と家庭の双方で子どもたちを見守ることにした。

睡眠障害は生活に影響をおよぼすので、かかりつけの医師に相談して、心を落ち着けるための漢方薬や、睡眠のリズムを整えるためのサプリメントなどを処方してもらう。薬が効いたのか不眠の症状は徐々に治まっていった。

わたしたち夫婦はカイルのパニックをどうしたら未然に防ぐことができるのか、よく話し合った。

たとえばくしゃみが出そうになったら、くしゃみのあとに「くさまち!(草町)」とつけるのはどうだろう。これはノブの発案だ。草町とはカイルが頭のなかにつくった地球4号に存在する町の名前だ。

「はくしょん」→「はくしゃん」→「くしゃまち」→「くさまち」

相当無理があるが、音の一部が重なっているので、くしゃみが出たら、そのあとにとってつけたように「草町」と言うルールを制定した。

咳をするときも、「これから咳するよ〜、咳が出るよ〜」と事前に伝えて本人に構えができれば、パニックを起こさずにすむこともわかってきた。外からはふざけているように見えるかもしれないが、わたしたちはいたってまじめだった。

思えば、カイルの聴覚過敏がひどくなるなか、人間関係にもトラブルを抱えていて体調はなかなか改善せず、相当追い詰められていた。しかし、いつまでもくよくよしていては、カイルに悪影響がおよぶ。なんとか笑顔でいるために思いついたのが、聴覚過敏をテーマにした歌の創作だった。

ＴＶでお笑い見ているよ　消音で

鼻歌を　一小節で拒絶され

息子の前での皿洗い　わたしのほうが神経過敏

気がつけば　いまじゃ夫婦で　耳栓オタク

言うべきか　聴覚過敏を　知覚過敏と話す人　知覚過敏は　歯の痛み

寺の鐘　侘《わ》び寂《さ》びないいない　かんしゃくの種

聴覚過敏　変わってしまったこともある　カイルの鼓動は　前と同じ

ピアニストになる夢をもちながら、聴覚過敏が日に日にひどくなっていくカイルがあまりにも不憫《ふびん》だった。しかし、暗い顔を見せるわけにはいかない。どうにか前向きになろうと、歌をつくっては携帯電話のメモ帳に記録していった。

小学5年生の後半、初めてイヤマフ（防音具）をつけて外出

中学生になる

２０１３年の春、カイルは小学6年生になった。わたしはいよいよ卒業後のことを考えなくてはならなくなった。感覚過敏がますます悪化するなか、進路を見極める必要があり、いくつもの学校説明会に出かけた。

そのなかで好印象だったのは都内にあるＮＰＯ法人が運営する学校だった。この学校では、子どもができないことに目を向けるのではなく、得意な部分を伸ばしていくことを重視し、前述のギフテッド（天から与えられた力）をもつ子への教育にも力を入れている。小学部から大学部まであり、卒業後の就職支援を行ってくれることも安心材料だった。

その学校にはカイルが苦手とするチャイムや校内放送がなかった。また、床には絨毯《じゅうたん》が敷いてあるため、椅子を引く音や靴がすれる音でカイルが泣くことは少なくなるだろう。

わたしはこの学校がすっかり気に入って、カイルを連れて体験授業に行くことにした。体験の日、算数や国語の授業を受け、カイルに学校の感想を聞こうとしていた矢先、隣の教室から元気いっぱいな子どもたちの歌声が聞こえてきた。

いやな予感がした。次の瞬間、カイルが耳を押さえながら声を出し始めた。一度外に出ようかと迷っているうちにがまんできなくなったのか、さらに大きな声を上げた。それまで家と学校以外でパニックを起こすことはほとんどなかったので、聴覚過敏がひどくなっているのではと感じた。

この状態をただ眺めているわけにはいかない。なんとかしなければ――。わたしはこの日の出来事を重く受け止め、聴覚過敏の治療に意識を向けることにした。

インターネットで治療法をあれこれ調べていくうちに行きあたったのが、

聴覚障害やコミュニケーション障害のある人に対して行われるリハビリ療法だった。その日のうちに聴覚トレーニングを行う団体へ電話を入れ、これまでの経緯と症状を伝える。そして、その週のうちに検査を受けることにした。

当日、カイルがトレーニングをいやがったため、治療用の機器を持ち帰らせてもらうことにした。この機器から発信されるさまざまな周波数の音を聴くことで、聴覚過敏の症状が和らいでいくらしい。半信半疑ではあったが、藁《わら》にもすがる思いで試してみた。

最初は抵抗を示したカイルも、寝る前に短時間取り組むことにしぶしぶ応じた。半年ほど続けていると、好きな曲なら聴けるようになるなど一定の効果が感じられ、表情も明るくなっていった。

カイルがパニックを起こした学校にはいまの状況を説明し、卒業の3月までに数回授業に参加させてもらい、様子を見ることにした。リハビリ療法の効果なのか、学校ではパニックを起こすことなく過ごすことができたため、同校に入学を決めた。

新しい学校生活に不安はあったが、本人は入学に向けて気持ちを高めている様子で、歴史の教科書を読むなど自ら机に向かうこともあった。

自宅から片道40分の道のりを、カイルはノブとふたりで通った。電車のアナウンスや乗客の話し声は相変わらず苦手だったので、ウォークマンにセットしたお気に入りの音楽で周囲の音を遮断しながら登校を続けた。

先生方はキーボードの持ち込みを許可してくれたり、教室で授業を受けられなかった日は別室で取り組めるプリントを用意してくれたり、聴覚過敏と闘うカイルに寄り添い続けてくれた。

人の力を借りること

「興味深いプロジェクトがある」と知人から教えられ、「異才発掘プロジェクトＲＯＣＫＥＴ（以下、ＲＯＣＫＥＴ）」の１期生募集の説明会に足を運んだのは２０１３年のことだ。ＲＯＣＫＥＴは、東京大学先端科学技術研究センターと公益財団法人日本財団が共同で取り組むプロジェクトで、２０１４年に始動することになっていた。

第１回の応募要項にはプロジェクトの趣旨としてこのように書いてある。

ＲＯＣＫＥＴ（Room Of Children with Kokorozashi and Extra-ordinary Talents）プロジェクトでは、突出した能力はあるが、現状の教育環境

に馴染めず、不登校傾向にある小・中学校生を全国から選抜し、継続的な学習保障および生活のサポートを提供することで、将来の日本をリードする人材を養成することを目的としています。

プロジェクトの中心にいる東京大学の中邑賢龍《なかむらけんりゅう》教授は、鹿児島県鹿児島市にある知的障害者の支援センター「しょうぶ学園」での取り組みを例に挙げてプロジェクトのコンセプトを説明した。

しょうぶ学園は社会福祉法人太陽会が運営するライフサポートセンターで、入園者には重度の障害がある人も少なくないが、工芸やアート、音楽を中心に創作活動に力を入れていて、作品を広く公開したり販売したりすることもあるそうだ。第一線で活躍するデザイナーとコラボレーションして作品を一般に販売したこともあるという。

ただ、いくらすばらしいものを創作したとしてもそれを流通ルートに乗せるノウハウや力がなければ、一般の人の手元に届くことはない。販売や宣伝が得意な人のサポートを得られれば、障害がある人の作品はそれをほしいと思う人のところに届き、高い評価を得られることもある。

教授は、しょうぶ学園での実践例を踏まえて不登校だったり障害があったりしても子どもたちがもつ力を最大限に生かせる環境を整え、社会への橋渡しをしようと考えていた。わたしはこのアイデアに深く感銘を受け、カイルをこのプロジェクトに参加させたいと思い、オーディションを受けることにした。幸運にもカイルもプロジェクトの一員になることができた。13歳のときのことだ。

プロジェクトでは、その都度違うミッションを与えて、子どもたちにそれらにチャレンジさせる。個性の強い子どもたちが、試行錯誤をしながら、その課題を成し遂げることによって、社会活動に必要な学びを深めている。

プロジェクトとの出会いは、わたしの意識に大きな変化を与えた。

カイルの将来を考えたとき、できないことをなるべく減らそうという意識にとらわれすぎていた。得意なことだけでなく、苦手なことにもチャレンジしてほしい、もっといろいろなことを覚えさせなくてはいけないと思っていた。学校でも、社会生活でも、周囲からサポートを受けることをどこか後ろめたいと感じていた。

しかし、教授が発信する社会のあり方についてのメッセージに触れるにつれ、人に頼るのは悪いことではない、恥ずかしいことではないと気づかされたのだ。

誰にでも得意なことと不得手なことがある。各々《おのおの》が個性を生かし、支え合い、補い合っていくことで社会が回っていくのなら、「弱者」または「マイノリティー」というワードはなくなっていくかもしれない。

多様性を認め、尊重しながら、すべての人が輝く場所が見つかる社会――。

いつかそういう社会が生まれることを願っている。

失望と後悔

中学3年に進級するとカイルの聴覚過敏は悪化し、さらには目から入る刺激にも大きな不快感が伴うようになっていく。

これまでも初対面の人と目を合わさないことはあったが、このころから誰であっても正面から顔を見ることができなくなった。

やがて、外出がままならなくなる。とくに看板の文字が気になって前を向いて歩けないので、外出時はわたしたちが抱きかかえるようにしてカイルを歩かせた。

大好きだった電車もノブに抱えられなければ乗れなくなり、登校時は車で送る日が増えていったが、車窓からの風景に耐えられないらしく、体を折って下を向いたままだ。これまでドライブが好きで、週末にはよく３人で出かけたが、それもできなくなり、カイルは徐々に家に閉じこもるようになった。思えば、聴覚過敏がひどくなり始めた小学校高学年時は、克服しようという気持ちが本人のなかに少なからずあったはずだ。しかし、このときのカイルに前向きになれる要素は何もなかった。

イライラすることが増え、低い声でうなり始めたかと思うと、頭をたたいたり髪の毛を抜いたりと激しい自傷行為がしばしば現れるようになった。慌てて止めに入るが、突発的に起きるのでいつも間に合わない。うずくまるカイルの横に座り、背中をさすり続けることしかできない。

カイルはこのころ、言葉をほとんど発しなかった。自分の殻にどんどん閉じこもるようになっていった。

イヤマフをつけてなんとかピアノの練習を続けていたが、自分で弾いた音に反応して十分な練習はできなかった。このような状態で、人前で演奏などできるとは思えなかった。

いままで積み上げてきたものが目の前で崩れていった。ピアノを弾き続けたいというカイルの夢はもう叶えることはできないのかもしれない。そう思うと、言い表せないほどの悲しさとむなしさが込み上げてきた。

その日はいつものようにカイルと夕食をとり、ピアノの練習に付き合い、あとはお風呂に入って寝るだけだった。

何がきっかけだったか覚えていないが、突然、負の感情が一気に襲ってきた。張り詰めていた糸がプチッと音を立てて切れた感じだった。

気がつくと、わたしはキッチンで包丁を握りしめていた。自分を傷つけるような度胸は微塵《みじん》もなかったが、衝動的に握っていた。

もう何をどうしたらいいのかわからない。すべてに自信がなくなった。もういっぱいいっぱいだ――。

カイルが自閉症という診断を受けてからも、前を向いて生きていこうと決めて、可能なかぎり明るい母親でいようと努めてきた。カイルのことを中心に考えて、できるかぎりのことはしてきたつもりだった。

しかし、このときのわたしは、この状況から逃げたかったのだろうか。カイルの感覚過敏がひどくなったのは、学校に任せきりにしたせいかもしれない。そう思うには理由があった。わたしは、カイルが中学校に上がるのと同時に、カイルの母校である小学校の図書室で仕事を始めた。読み聞かせのボランティア活動に参加したことをきっかけに、声をかけてもらったのだ。たしかにカイルのことばかりひたすら考えているのは、カイルにも自分自身にもよくないだろうと、この仕事を引き受けることにした。

図書室で接した子どもたちの反応は新鮮だった。それまでカイル以外の子どもと接する機会はほとんどなかったので、障害のない子どもとのコミュニケーションはこんなにもスムーズなものかと驚いた。カイルと離れて有意義な時間を過ごすなかで、カイルの症状は悪化していった。

わたしのせいに違いない――。

後悔やあきらめの気持ちが頭のなかでぐるぐると渦《うず》を巻いた。

次の瞬間われに返ったのは、寝室に行ったはずのカイルが期せずして戻ってきたからだ。

「お母さん、包丁持ってるね」

包丁を片手に立ちすくむわたしを見てカイルはそう言った。

「お母さんはもう疲れたよ。もう何もできないよ。カイル、ごめん」

わたしは思わずそう言い放ち、声を上げて泣いた。カイルは驚いた様子でその場から立ち去った。

時間が経過し、自分をようやく取り戻したとき、15歳の子どもの前でした行為に震えた。なんということをしたのだろう。

しばらくしてノブがキッチンにやってきた。

「大丈夫か?」

ノブはそうひとことだけ言い、それ以上何も聞かなかった。その思いやりが心にしみた。

翌日、カイルはいつもと変わらなかった。昨日のことは自分の胸にしまい込むことにした。

このエピソードには後日談がある。思い出すのがつらいため、記憶から抹殺していたその事件がいつのことだったのか、本書を執筆するにあたり調べてみたがわからなかった。迷ったあげく、言葉を選びながら恐る恐るカイルに聞いてみた。

「2016年4月24日」

ああ、やっぱりカイルは覚えていた。

家出事件とノブ

追い詰められていたのはわたしだけではなかった。

包丁事件から約半年後、夕飯の片づけをしていると、階下にあるピアノ部屋でノブのどなり声がし、そのあとカイルのわめき声がする。

しばらくして、ノブが疲れ切った顔で上がってきた。何があったかを尋ねてもノブは答えない。ぐったりと頭を抱えて黙り込んでいた。わたしがカイルの様子を見に行こうとすると「ちょっとクールダウンして反省させたほうがいい」と言う。

とはいえ気になるので、少し経ってから部屋をのぞいてみた。そこはもぬけの殻で、玄関の鍵も開いている。

「パパ、来て。カイルがいないよ！」

大声でノブを呼ぶと、かれはすごい勢いで下りてきた。外は真っ暗で肌寒い。いったいカイルはどこに行ったのだろう。

ノブは大慌てで自転車を用意し、飛び出していった。

いつ戻ってきてもわかるようにわたしは家の前で待つことにした。10分、20分と時間が経過していく。

ピーポーピーポーピーポー……

遠くで救急車のサイレン音が聞こえる。

感覚過敏がひどくなってから、目や耳をふさいで歩くことが増えていたため、ひとりで歩かせることは決してなかった。いま、どこをどうやって歩いているのかを想像するだけで身震いがした。

カイルが行きそうな場所はどこだろう。小学生のときにお世話になった介添えの先生のことが思い浮かんだ。以前、先生のご自宅をカイルと訪ねたことがあったからだ。地図が頭に入っているカイルなら、歩いていくかもしれない。そう考えていると、携帯電話が鳴った。

「カイル、いたよ」

いまにも泣き出しそうな声。こんなにも弱々しいノブの声を聞いたのは初めてだったが、わたしはほっとしてその場にしゃがみ込んだ。

ノブはピアノの久保田先生のところではないかと推測し、そちらに向かって自転車を走らせた。先生のご自宅とわが家とのちょうど中間地点でカイルがとぼとぼと歩いているのをノブは見つけた。そのときカイルは泣いてはおらず、落ち着いた様子だったという。

ノブはなんとか平静を取り戻そうと努めた。そしてカイルを抱きしめ、「どなったりして悪かった」と謝ると、「久保田先生のところ（へ行こうと思った）」と答えたそうだ。

ノブが押す自転車の横を歩くカイルの姿が見える。

「カイル。心配したよ」

わたしがそう声をかけると、カイルは静かにうなずいた。いまはどうして家を出ていったのか聞くタイミングではない。そう思った。

　のちにノブがそのときの顚末《てんまつ》を語った。その日、カイルはノブに言われたことにイライラし、そこからパニックが起きて自傷行為を始めた。どうしてもやめさせなければならないと思ったノブが、カイルの手をつかみ、強い口調でしかりつけた。前に記したとおり、一度こうなるとどちらも収拾がつかない。冷静になろうとノブが部屋をあとにしたところ、カイルは消えた。

　ノブは大きな声を出したことを深く後悔していた。その証拠に、その日から、ノブはカイルへの接し方を明らかに変えた。

閉じこもるカイル

中学3年生の夏ごろ、学校でこんなことが起きた。心と体を守るために必要なイヤマフをクラスメートに取り上げられ、頭に投げつけられたのだ。大きなたんこぶができていた。そのほかにも水をかけられたり、上履きを隠されたりしていたことがわかった。

学校側の配慮で、当事者であるクラスメートの親御さんと話し合いをする機会がもてた。わたしたちと同じように障害のあるお子さんのお母さんだ。コミュニケーションをとるのが困難ななか、思春期の子どもを導くのはとても難しいことだと知っている。「申し訳ありません」と頭を下げるお母さんの姿を見て、胸が痛んだ。

中学3年生の冬休み明け、カイルは完全に目を閉じた状態で登校するようになった。電車のなかでも目を開けず、教室まで続く階段をはうように手探りでのぼっていく。いったい何が起きているのか――。

先生に聞いてみると、教室では終始目をつぶっていて、授業に参加できていないという。イヤマフをつけたまま会話は一切せず、やりとりが必要なときはカイルの肩をたたいて知らせ、筆談をする。いまでは先生が書いた文字も見られなくなり、コミュニケーションがとれなくなっているという。

ある日、カイルの様子がどうしても気になり、学校に向かった。

教室にカイルの姿はない。先生に尋ねると、「部屋を出たところにいます」と言われる。どこのことだろうと見渡すと、普段椅子などをしまってある物置のなかにカイルを見つけた。

息をのんだ。狭い物置のなかに、ウォークマンを握りしめ、ひざを抱いた状態で小さくうずくまるカイルがいた。その光景を見たとき、すぐにこの子を連れて帰ろうと思った。

卒業式までもう一息だったが、次の日からカイルは学校を休み、家で過ごすようになった。

その後、レポート提出などの課題をこなして、中学課程を修了することができた。最後まで通うことはできなかったが、「卒業式には出る」と言い出した。

式当日、久しぶりに先生やクラスメートに会えてうれしそうなカイルを見られてわたしは満足だった。カイルはうつむき加減で舞台に立ち、必死に先生の名前を呼んでは感謝の言葉を伝えた。

中学校を卒業後、このNPO法人が運営する高校に行くことはあきらめ、友人に紹介された学校に通うことに決めた。聴覚過敏と視覚過敏が両方ある子どもを受け入れるのは初めてとのことだったが、「どう対応していけばいいか、いっしょに考えていきましょう」と言ってもらえて、わたしたちは胸をなでおろした。

2017年3月、卒業式当日のカイルはイヤマフをし、カメラのほうを見られない

第5章　夢のスタートラインに立つ

カプースチンの音楽

カイルには大好きな音楽家がいる。ウクライナ出身の作曲家で、現代ロシア音楽を代表するピアニスト、ニコライ・カプースチン。御年82歳、ダンディな雰囲気をもつ紳士だ。

カプースチンの音楽との出会いは小学4年生にさかのぼる。久保田先生の教室の発表会で、ある生徒さんがカプースチンの変奏曲を弾いた。ジャズとクラシックが融合された、これまで聴いたことのない独創的な音楽に驚かされた。

「この曲、弾きたい！」

カイルがそう言うので早速CDを購入。楽譜もほしがったが、当時日本では発売されていなかったため、楽譜を入手するまで耳で音をとっていた。のちにネットで中古の楽譜を見つけてクリスマスにプレゼントした。

わたしは楽譜を開いてげんなりした。異様ともいえるほどの数の音符が五線をうめつくしている。「カプースチンの音楽は、聴くのは楽しいが弾くのは大変」という記事を読んだことがあったが、その意味がわかった。この曲を弾くには相当な技術が必要だろう。カイルはその楽譜を手にして目をキラキラさせている。

それからカイルは夢中で練習するようになった。ピアノコンクールで弾く曲も迷わずカプースチンを選んだ。

カプースチンという音楽家の名前を知っている人はそう多くはないだろう。コンクールの審査員に選ばれるほどの実力のある先生方でも、カイルの演奏を聴いて初めて知った方もいたという。なかにはクラシック音楽として認めない人もいるらしく、コンクールでカプースチンを弾くのは不利だという声もあった。

ある日、インターネットでカプースチンについて検索していると、「カプースチン祭り2015」がヒットした。しかし、すでに出演の申し込みは締め切られていた。次回は逃すまいと、イベントを主催している日本カプースチン協会に会員登録した。これで次の案内が届くだろう。

今回は出演できないが、第2部にはカプースチンの演奏および研究の第一人者で、楽譜を校訂されている川上昌裕先生の講座があることを知り、わたしは後学のためにひとりで出かけることにした。

「カプースチンを深く知ろう！～奏法のエッセンス～」というタイトルで、楽曲の背景、演奏する上での表現方法やコツなどが語られた。熱心に質問をする学生さんたちのなかで、わたしはメモをとるだけで精一杯だった。

ふと、カイルが心配になる。このままカプースチンの曲を楽しんで演奏しているだけでよいのだろうか。

しばらくして「カプースチン祭り2016」の募集メールが届いたので、すぐに応募の手続きをし、出演資格を得ることができた。事務局の方にカイルが自閉症であること、感覚過敏があることを伝えると、出演の順番を考慮してくださり、当日舞台の袖でわたしも待機することを許された。

そして、前月に15歳の誕生日を迎えたばかりのカイルは舞台に立った。

その日はブルーのスーツを着て、練習を積んだ2曲（8つのコンサート・エチュードＯｐ・40より第5番「冗談」と24のプレリュードＯｐ・53より第24番）を弾いた。長いあいだ感覚過敏に苦しんでいた時期だったが、この日はカイルらしく弾くことができた。

演奏が終わってロビーに出ると、若い女性が目にいっぱいの涙をためてカイルに近づいてくる。

「とてもすてきな演奏でした」

知人以外からそのような声をかけられたのは初めてで、カイルはとてもうれしそうだった。

第2部、第3部が終了し、出演者も参加することができる打ち上げにはカイルのかわりにノブが出席した。帰宅後様子を尋ねると、ノブの隣には川上先生の奥様が座り、カイルの話を聞いてくださったという。わたしは舞い上がった！

「ねえ、川上先生に『ご指導を受けることはできませんか』とは聞かなかったの？」

「待ってよ。初対面の人に、いきなりそんな話をもちかけたら失礼でしょ」

たしかにノブの性格ならそのような場で聞くことはないだろう。そのときは納得してあきらめた。

一期一会

カイルが中学校を卒業した春休み、わたしたち3人は高山市の山腰恵子先生のご自宅にいた。

前出の友人・陽子ちゃんのおばさんにあたる先生は、2015年ピティナ・ピアノコンペティションの一部門で全国大会において2位に輝いたピアニストだ。このコンペティションは約4万人が参加する日本で最大規模のピアノコンクールだ。

わたしは入賞者のコンサートを聴きに行き、先生に初めてお目にかかった。じつは、それ以前に先生は、カプースチンの曲を演奏するカイルの動画を陽子ちゃんをとおして見てくださっていた。そのようなこともあり、わたしの里帰りの際に先生のところにお邪魔する機会を得た。

先生は、田んぼが見渡せるのどかな場所でピアノを教えている。教室にはグランドピアノが2台、ほかにもドラムなどいろいろな楽器が置かれていた。

「カイルくん、何を弾いてもいいわよ。なんといっても、周囲に家がないので音を気にしなくてすむんだから」

カイルは遠慮なくピアノを借りて、カプースチンやショパンなど好きな曲を弾いた。

その横でわたしは、いつか川上先生の師事を仰げたらと考えていることを先生に打ち明けた。また、もしも川上先生にお世話になれた場合、これまでカイルを見てくださった先生方に失礼ではないかとも相談してみた。

先生はやわらかな物腰でこう言った。

「親は子どもの可能性をつぶしてはいけないですよ。わたしはいまでも日本の各地にいるピアノの先生に習いに行っていますよ。先生を見つけるのも才能のひとつなの」

この言葉にノブは背中を押されたようで、自宅に戻るとすぐに、カプースチン祭りでお世話になった方に連絡をとった。

「息子がどうしても川上先生のご指導を受けたいのです」

そして高校に入学した翌月から先生のレッスンが受けられることになる。2016年のカプースチン祭りに参加してから約1年が経っていた。

思えば小学4年生のとき、発表会でほかの生徒さんが弾いたカプースチンの曲を聴かなければ、きっといまはない。

カプースチンの存在がカイルとピアノとを強く結びつけてくれた。そこにはカイルを導いてくださった多くの先生方、サポートしてくださった周囲の方との大切な出会いがあった。

一期一会の縁によって、わたしたちは生かされている。

ピアノ検定に挑戦

感覚過敏が悪化するなか、ノブもカイルの将来のことを懸命に考え続けていた。

中学3年の夏ごろ、「音楽留学に向けて準備を始めてはどうか」と言い出した。ずいぶん無茶なことを言うものだと思ったが、日ごろ慎重なノブがそう言うのだから、いろいろ考えたすえのことだろう。わたしはすぐさま否定はしなかった。

このころのわたしたちは、とにかく感覚過敏にたたきのめされていた。どうにかしてこの状況を打破したいと思っていた。

「もちろんいますぐの話ではないけれど」と前置きして、このまま苦手な音にあふれた東京で生活させることへの不安をノブは語り始めた。

「感覚過敏に振り回されるんじゃなくて、カイルだって目標を持って取り組めば過敏のことも気にならなくなるかもしれない。まずは日本でも受けられる国外のピアノ検定試験を受けさせてみたいんだ」

国際的に認められているピアノの検定試験はいくつかあるが、日本で受けられるのは英国王立音楽院か英国トリニティ・カレッジ・ロンドンが行う検定試験のふたつだ。

英国王立音楽検定は、実技以外に理論の筆記試験もあるので、カイルにはハードルが高そうだ。一方、トリニティ・カレッジのほうは筆記試験はなく、課題曲の演奏と「プログラムノート（曲目解説）」の提出で評価される。

トリニティ・カレッジの試験を受けることを決め、代理店である専門学校に指導してくれる先生がいると聞き、早速足を運んだ。専門学校の方に相談のうえ、澤田若菜先生という若い女性の先生にお世話になることになった。先生はヴァイオリニストとしても活躍されているだけでなく、自閉症児への指導経験もあるとのことで心強かった。なんでも先生のお母様が子どもの音楽療法に取り組んでいたそうで、障害児に接した経験もあるという。

先生はレッスン中、常に毅然《きぜん》とした態度を崩さなかった。カイルがちょっとしたことでパニックを起こし鍵盤をたたき鳴らしても、一向に意に介さない。

「カイルくん、先生はそんなのなんとも思わないよ。怖くないからね。はい、続きやろうね」

一方、先生はカイルのよいところを探し出しては徹底的に褒めてくださった。ピアノに向かう姿勢が変わり始めたのはこのころだった。

先生には9か月ほどお世話になり、2017年の夏にトリニティ・カレッジの上級試験を受けることになった。試験では古典派から現代クラシック音楽に至るまで、課題曲のなかから選んだ数曲を与えられた時間のなかで自ら構成し演奏する。

試験当日わたしは吐きそうなほど緊張していた。

すべての演奏を終え、カイルが伏し目がちに部屋から出てきた。しばらくして、そのあとをイギリス人の試験官が表情を輝かせて追いかけてくる。そして、カイルの名を呼び振り向かせてからこう言った。

「Fabulous!（すばらしかったよ！）」

胸が熱くなった。これまでに厳しい評価を受けて3人で泣いたこともある。悔しかったことも、悲しかったこともすべて水に流そうと思えるほど、このひとことに救われた。

カイルは高得点で試験に合格し、史上最高得点で奨励賞をいただいた。そして翌年ピアニストの竹内真紀先生に師事し、トリニティ・カレッジのディプロマに挑戦した。先生方のサポートのおかげで、カイルは17歳で同大学の卒業資格と同等の学士資格を取得することができた。

いますぐに海外留学をする予定はないが、いつかそんな日が来ればと夢を見ている。

ふたりの背中

２０１７年５月、夢にまで見た川上先生宅でのレッスン当日、カイルは目を伏せていた。慣れない場所に来て、神経が過敏になっている様子だった。

先生から指導を受けると、カイルは遠慮なく不機嫌になり、きちんと話を聞ける状態ではなかった。先生が奏でた音にびっくりしたのか、先生の手を払いのけた！　わたしの手には汗がじんわりにじみ、心臓がきゅっと縮んだ。

まともにコミュニケーションがとれないカイルを前に、先生の戸惑いもこちらに伝わってきた。

「たしかに上手に弾けてはいますが、プロを目指すというのは……。趣味のままにしておいたほうがいいこともありますよ」

レッスン後、先生はそう言った。いや、たった1回で終わらせたくない。先生の指導がいまのカイルにはどうしても必要だ。

「チャンスをください。カイルは何をするべきかわかっているはずなので」

わたしはレッスンを録音し、帰宅後、先生のアドバイスをカイルが理解できる方法で楽譜に書き込んでいった。強弱記号や指番号、注意すべき箇所が視覚でとらえられるように色をつけていく。気づけばずいぶんカラフルな楽譜に変わっていた。この方法はトリニティ・カレッジの試験の際に澤田先生から教わったもので、そのあとも続けている。

しかし、カイルは仏頂面《ぶっちょうづら》のまま楽譜をにらんでいる。

「ほら、先生はこんなふうに弾いているよ。やってみたら？」

「ここの指番号が違うみたい」

「そこはピアニッシモだから、もっとやさしく弾いてみようか」

先生のレッスンが次に受けられるのは少し先だが、秋には発表会がある。そこで先生になんとか認めてもらいたい。きちんと弾けていないところや、注意するよう言われたところを直すようカイルにうながした。このときのわたしには、「カイルはできる」といった妙な確信があった。

発表会はあっという間にやってきた。その日、カイルはカプースチンの変奏曲を弾いた。先生はカイルを初めて褒めてくださった。

「本当に上手くなっていて改めてビックリしてしまいました。音に対するセンスとタッチもなかなかよいものを持っていると思います。凱成君は本番のほうが上手く弾けるような才能があるのかもしれません」

これは発表会後に川上先生からいただいたメールの一部だ。あまりにうれしかったので、文面を印刷していまでも大切に保管している。

カイルはこのころから、先生に心を開くようになった。

先生の教え方はいつも的確だ。どんなに速いテンポで弾いていてもスーパーティーチャーの目はごまかせない。指番号を間違えると即座に注意される。弾きづらいと感じていた部分も先生の指示に従えば正しく弾けることがわかって、指番号の意味がようやく理解できたようだった。次第に先生の指示を受け止められるようになり、「これ、難しいねえ！」などと言い、にこにこしながら弾いている。

しばらくして、カイルが作曲したものを見ていただくことになった。わが家には幼いころから書きためた楽曲が大量にある。ノブはカイルが書いた楽譜を見ては、「天才だ！」と言って褒めちぎっていたが、わたしには判断がつかなかった。子どもの趣味程度と言われるかもしれないと覚悟していたが、プロの目にはどう映るのかを知りたかった。

先生は、譜面を開いたとたん、キラキラした目で楽譜に見入り、少年のようにはしゃいでいる。

「カイルくん、この曲いいね。すごいね。ぼく弾いてみてもいい？」

カイルはうれしそうにうなずく。

鍵盤に向かって並んだふたりの背中が楽しそうに揺れている。わたしは幸せだった。

カイルが弾くカプースチンの曲はこのころからみるみる変わっていく。

奇跡のソロリサイタル

2018年3月、カイルはピアノコンクールの全国大会に出場した。そのとき、カイルはほとんど人がいない客席に向かって手を振った。そのあと審査員に向かって手を振り、演奏後もまた手を振った。

「これは前代未聞だわ。マナー点では減点されるでしょうね」

カイルを心配して様子を見に来てくださった久保田先生はそう言って苦笑いした。それでもカイルは入賞し、審査員賞をいただくことができた。

ソロリサイタルのお話があったのは、それからしばらくしてからだ。チケット業界大手のイープラス社が、カイルに注目してくださったのだ。

ありがたいお話に飛び上がったが、カイルは相変わらず感覚過敏に苦しんでいた。聞けば、会場は同社が所有する都内のカフェ・ダイニングで、食事をしながら生演奏を楽しむ場所とのこと。前述のようにカイルは金属のフォークなどが食器にあたる音がダメだった。下見に行ったノブも不安をにじませた。

しかし、親たちの不安をよそにカイルは「弾きたい」と言う。それならとカイルを連れてあらためて会場の下見に行く。１００人以上収容できる会場を見回し、カイルはこうつぶやいた。

「『レミーのおいしいレストラン』みたいだね」

「レミー」は、カイルが大好きなピクサーのアニメーション映画だ。言われてみれば、雰囲気が、映画に出てくるレストランによく似ている。

食事をしてピアノを少し弾かせてもらったが、そのあいだキッチンから聞こえてくる食器の音をカイルは気にすることもなかったし、耳もふさがなかった。これは信じられないことだった。

そして夏がやってきた。

リサイタル当日、夕方になっても暑さは和らがなかったが、会場は気持ちよくクーラーがきいていた。

会場のスタッフさんたちには聴覚過敏についてあらかじめ説明をしてあったため、「携帯電話をマナーモードにするように」とのお願いのアナウンスが何度も流れ、ナイフ・フォークを箸に変えるなどの配慮をいただいた。

この日、超満員の会場でカイルはカプースチンの変奏曲、ラヴェルの「ハイドンの名によるメヌエット」、ガーシュインの「I Got Rhythm」、上原ひろみの「ザ・ギャンブラー」などのほか、自分で作曲した「Winds Send Love」など、予定していた曲をすべて弾くことができた。

これまでの数年間、発表会や音楽祭では客席をまともに見ることができず、目をうつろに宙に浮かせてかたちだけのおじぎをしていたカイルが、この日は、観客席に視線をしっかり向けて、深々と頭を下げた。

わたしたち夫婦にとっては奇跡としか言いようがなかった。少し前まで感覚過敏のせいで外出もままならなかったカイルが、リサイタルをやりきったのだ。

後日、会場で回収されたアンケートを読ませてもらった。たくさんの温かい言葉が添えられていて、胸が熱くなった。そのなかにわたしたちが敬愛するミス・ヨーコのメッセージを見つけた。

「カイルはわたしの人生に彩りを与えてくれた」

お客様と大好きな人たちに囲まれ、ピアノを演奏するカイル

第6章　自立のとき

カイル、倒れる

その日、カイルは自宅の防音設備のある部屋で朝5時ごろからピアノを弾いていた。2019年4月、東京の浜離宮朝日ホールでのデビューコンサートまで2か月を切っていて、練習に熱が入っていた。

1時間ほど経ったころだったと思う。バタンと大きな音が聞こえたので慌ててノブが様子を見に行く。

「カイル！　カイル!!」

ノブが叫ぶ声がする。慌てて駆けつけると、目を疑うような光景があった。カイルがピアノの足元に倒れていたのだ。床には真っ赤な血だまりが広がっている。

「息をしてない！」

ノブがすぐに人工呼吸をすると息を吹き返した。しかし、意識は戻らない。救急車を呼ばなければ。スマートフォンを持つ手がぶるぶると震える。何が起きたのかわからなかった。ふたりで大泣きしながら名前を呼び続け、救急車が到着するのをいまかいまかと待った。

病院に到着後、カイルはようやく意識を取り戻した。失神の原因はわからなかったが、出血は鼻の骨折によるものだった。前日長い距離をウォーキングしたと伝えると、担当医師は脱水症状を疑った。

浜離宮のホールコンサートの前には、都内のライブハウスで別のコンサートが予定されていた。キャンセルするべきか——。告知はだいぶ前からされていて、チケットを買ってくださった方たちも多くいる。本人も、お話をいただいたときから楽しみにしていて、だからこそ懸命に練習に打ち込んでいたのだ。

カイルは自分に起きたことに驚いた様子で、倒れたあとは体調を気遣い無理をしなくなった。わたしたちもこまめに水分をとらせるなどしながら注意深く見守ることにした。

大きな不安が残るなか、ライブハウスでのコンサートには普段とは別の緊張感があったが、カイルは無事にやりきった。

それから1か月後、カイルは再び倒れた。これはたんなる脱水症状などではないはずだ。

総合病院で検査をしてもらうと「てんかん」によるものだと言われた。てんかんの発作は、脳の神経細胞が突発的に異常な電気信号を発する際に起きるもので、発達障害児には比較的高い割合で表れるそうだ。

しかし、カイルはこれまで一度も発作を起こしたことはなかった。わたしはてんかんを幼少期特有のものだと思い込んでいたため、成人期に発生することもあると医師から説明を聞いて、非常に驚いた。

処方された薬を飲んでしばらく様子を見ることになった。主治医からはこう言われた。

「まずは3か月のあいだに何もなければ通常の生活に戻ってもいいでしょう。ただし、再度発作が起きて危険な状況になるかもしれないので、決して本人から目を離さないように」

突然倒れた理由がわかり安堵《あんど》する一方、神様はまたカイルに試練を与えようとしていることに気づかされた。しかし、ここで負けるわけにはいかない。長い月日、感覚過敏で苦しんできた分、症状が和らいだらカイルに少しでも楽しみを増やしてやりたいと考えていた。

わたしはゼロから勉強して最近取得した図書館司書の資格を生かすことなく、小学校の図書室の仕事を辞める決意をした。

自閉症の人には、何かに一度没頭するとその集中を自分でゆるめることが苦手な人がいる。その傾向がカイルにもあることを知りながら、周囲の期待に応えようとがんばるままにさせていた。無理がたたったのかもしれない。カイルが倒れたのはわたしたちのせいに違いないと猛省した。

このとき民放テレビの自宅ロケ、スタジオでの生演奏、コンサートホールでのデビューなどが決まっていた。カイルの音楽を多くの人に知っていただくチャンスであることは間違いない。しかし、このような状態でもしカイルに何かあったら、取り返しがつかない。

やめさせるべきなのではないか――。

しかし、カイルは言った。

「テレビ楽しみ。コンサート出るよ」

自分たちだけの問題ではない。何か起きれば、関係者のみなさんに多大な迷惑をかける。しかし、てんかんにカイルの夢をうばわれたくない。相反するふたつの感情にわたしたちは揺れた。

そして、医師に待機してもらうという厳戒態勢でホールデビューコンサートを迎えた。

この日のカイルは曲が終わると舞台の袖に戻ったまますぐに現れないことがあり、お客様は首をかしげたに違いない。袖には酸素吸入器を持ったノブが待っていた。てんかんに効果があるかどうかは不明だが、カイルを落ち着かせるために用意をしていたのだ。

舞台の上にはカイルとグランドピアノが見える。カイルは手を広げ大きな深呼吸をする。やわらかく温かなスポットライトが、そのふたつを照らしている。

お客様の視線の先にいるのは、わたしの息子、紀平凱成だ。カイルのピアノにこんなに多くの方が耳を傾けてくださっている。誇らしかった。

どうか最後まで無事に演奏できますようにと、わたしは祈り続けた。

最後の曲が終わった。拍手は鳴りやまない。

舞台の上で、いつものカイルらしいぎこちない様子でおじきをする。すぐにでも駆け寄ってカイルを抱きしめたかった。

2019年4月、初めてのホールコンサートを終えて客席に視線を送る（撮影＝山本れお）

羽ばたけカイル

医師に注意するように言われた「3か月」のあいだ、わたしたちはカイルのそばを片時も離れなかった。無事に3か月が経過したときは、ほっとしすぎて全身から力が抜けていく感じだった。

2019年9月、神奈川県横浜市にある赤レンガ倉庫につくられた特設ステージの野外ライブ「STAND UP！ CLASSIC FESTIVAL '19」への出演が決まった。前年もゲスト出演したので2度目になる。

当日まで会場を何度か下見した。港町横浜。船の汽笛が聞こえる。少し前なら耳を押さえていたはずだが、このときのカイルはイヤマフもせずに心地よさそうに海風をあびていた。

カイルがわたしに尋ねる。

「おばあちゃん来る？　おじさんは？　おばさん来る？　陽子ちゃんは？」と次々に大好きな人を挙げていく。

「どうかな。聞いてみないとわからないね」

そう答えると、「カイル、手紙を書きたい」と言う。このやりとりは小学生のときからまったく変わらない。大好きな人たちに自分の演奏を聴いてもらいたいのだ。

待ちに待ったフェスティバル当日は、文句なしの快晴だった。広い会場は人で埋めつくされている。

カイルの出番がやってきた。いつもはノブの役目だが、その日はわたしが代理でカイルのおでこにあるホクロを人差し指で押した。スイッチが入ったカイルが舞台へ向かってゆっくり歩を進めていく。その姿をドキドキしながら見守る。

「さあ、楽しんでおいで」

今回も、曲の合間に客席に向かって手を振っている。ずいぶん余裕だ。

無事に演奏を終えると、またしばらく手を振ったあと、ようやく舞台の袖へと戻ってきた。「かっこよかったよ！」と声をかけると、「100点だったよ」と返ってきた。

演奏後、ソロデビューアルバムを先行販売するブースに向かう。そして、生まれて初めて握手会をした。たくさんの方と写真を撮り、少し会話をすることもできた。これまでのカイルには考えられないことだった。

またひとつ、自分の殻を破ったように見えた。

野外ライブ後、CDを販売するブースの前で女性たちに囲まれて

親離れ、子離れ

２０１９年春、カイルは18歳になった。

思春期の男子がいる家の壁には、ひとつやふたつ穴が開いていると聞く。母親を毛嫌いし、口などきかないのかもしれない。父親と肩を組んで歩くなどということももちろんないのだろう。

そういう意味ではわが家は少し違っている。２０１６年秋の「家出」をのぞいてカイルはわたしたちから遠く離れたことはない。それは障害があり、誰かのサポートが必要だからだ。ついつい子ども扱いをしてしまう。

でも本人は、少しずつ大人になろうとしているのかもしれない。

半年ほど前のこと、「熱っぽい」と訴えてきたことがあった。おでこに手をあててみる。微熱があるだろうか。根を詰めてピアノの練習をしていたので、「少しゆっくりしていたら?」と返すと、うなずいて自分の部屋に戻っていった。

しばらく静かだったので、YouTubeでも観ているのかなと思っていると、家の電話が鳴った。近所のかかりつけのクリニックからだ。

「息子さんが受診に来られたのですが、おひとりだったので、一応ご連絡しました」

これには驚いた。

前述のとおり、感覚過敏のため外出するときは必ず誰かが付き添った。高校生にもなれば、親に行き先を告げずに友だちと出かけて遅くまで戻らないこともあるだろう。しかし、カイルにはそうした経験がないためわたしも心配をしたことがなかった。

カイルはひとりでもクリニックに行けると思ったのだろう。だから、何も言わずに出かけたのだ。

「すみません、すぐに向かうので、そちらで待たせてください」

猛ダッシュで迎えに行った。

「ひとりで行けたんだね。すごいね、カイル。でも目をつぶって歩いたら危ないから心配したよ。今度からはお母さんにちゃんと話してね」

聞いているのかいないのか、カイルはご機嫌だ。ひとりで目的を達成できたことがうれしかったのかもしれない。

カイルは変わろうとしている。いつまでも、緑の積み木を握りしめているカイルではない。もう18歳の青年なんだ。

焦らずに、でも少しずつ子離れをしていこう。わたしが成長するべきときが来たと感じた出来事だった。

ひいおばあちゃんの死

２０１９年春のホールコンサートを無事に終えたカイルは変わり始めた。

「がんばるよ」

「克服する」

「もう全部大丈夫」

そんなフレーズを口にし、自分が苦手とする音や目からの刺激、行けなくなっていた場所、やれなくなっていたことを少しずつ解決しようという姿勢が見られるようになった。

耳を押さえながら恐る恐るといった感じだが、電車の音や飛行機の音、高速道路のＥＴＣの電子音など、移動の妨げになるものはＹｏｕＴｕｂｅで動画を探して耳に慣らしていった。

また、玄関のチャイムや電話の呼び出し音などはキーボードでそっくりに弾いて、自ら嫌いな音に順応しようとしていた。

２０１９年の夏、カイルをかわいがっていたわたしの祖母が亡くなった。ノブは外せない仕事があるとのことで、ひとりで葬儀に参列するつもりだったが、カイルがどうしてもいっしょに行くと言って聞かない。

祖母が住んでいた高山市までは東京から電車を乗り継いで5時間はかかる。途中で何か起これば、わたしは祖母と別れができなくなる。迷ったが、カイルを連れていくことにした。カイルは言葉どおり長旅に耐え、わたしたちは無事に宿泊先に到着した。

数年前にわたしの父が亡くなった際は、葬儀のあいだじっとしていられず、途中で退席したが、今回は大好きな曽祖母に直接「ありがとう」を伝えることができた。

「きょうは最後までいられたし、（ひい）おばあちゃんの顔も見られた」

「天国で見守ってくれる」
なんとも満足げだ。このときの成功体験が、カイルの背中を押したように思える。

ある日、カイルが唐突に「サザエさん通りに行きたい」と言い出した。「サザエさん通り」は、『サザエさん』の作者の長谷川町子氏が生前暮らした東京都世田谷区桜新町にある通りで、以前家族で歩いたことがあった。あちこちにサザエさんが描かれたポスターが貼ってあり、交番前には笑顔のサザエさんの銅像が立っている。

「サザエさん」はカイルが子どものころ好きなアニメだったが、視覚過敏が激しくなり観られなくなっていた。それ以来、この通りをカイルと歩くこともなかった。なぜサザエさん通りに行きたいと言い出したのかはわからない。サザエさんが懐かしくなったのかもしれない。

久しぶりに訪れたサザエさん通りで、ポスターを眺めながらわたしたち親子はたまたま仕事が休みだった陽子ちゃんを誘って散歩を楽しんだ。帰りがけ、カイルは記念にサザエさん像といっしょに写真を撮りたいと言う。

苦手だったことをひとつ克服すると、また次の課題を探してチャレンジする。わたしたち夫婦には、カイルがぐるぐるに絡まった糸をほどいていく作業をしているように見えた。

もちろんうまくいかないこともある。しかし、克服できたり、達成できたりしたあとは、言葉の数が驚くほど増えた。

危うかった思春期が終わろうとしているのかもしれない。カイルに穏やかさが戻ってきた。

これからわたしたちには、どんな出会いが待っているのだろう。楽しみでたまらないね、カイル。

サザエさんの銅像と「ハイ、チーズ！」

ピーター・パン

ノブは、いつも「焦っている」と口にする。

自分が生きているあいだに、カイルにできることは何かを常に考えている。「何をそんなに生き急いでいるの？」とからかうと、不機嫌になる。

カイルにはきょうだいがいない。カイルが6歳のときに初期の段階で流産してしまった。カイルのためにきょうだいがほしい、と思ったことがいけなかったのかもしれない。

カイルの「味方」になってくれる人を見つけることが、わたしたち親の大切な役目だと思っている。カイルの存在を認め、近くで見守ってくれる人。そういう人と出会うためにも、カイルには愛される音楽をつくり、広く届けていってほしい。

「やさしい気持ちになる」

カイルの演奏を聴いた方からそのように言っていただくことがある。じつはわたしたちも、同じように感じている。繊細でエネルギッシュで、ストレートでピュアだ。ひとりでも多くの人に知っていただきたい。

わたしたちは笑って泣いて、泣いて笑ってを繰り返している。まるでジェットコースターのような人生だ。これからもそういう人生が続くのかもしれない。

ノブが言う。

「生きていてくれればいい」

その言葉を聞いて、カイルを出産したときのことを思い出す。

無事に生まれてきますように——。

それ以外に望むことは何もないと思ったことを。

どんなに苦しいことがあっても、カイルはそれ以上の喜びをわたしたちに与えてくれる。

カイルの音楽がわたしたちを励ましてくれる。多くは語らないが、思いやりのこもったひとことで勇気づけ、ときおり天然なしぐさで笑わせてくれる。

わたしたちにとって大人にならない少年、ピーター・パンのような存在だ。子どもの純粋な部分をまだ多く残している。

「はやく大人になりなさい」とは言わない。わたしたちはゆっくり成長するわが子をこれからも見つめ続けていくだけだ。

きょうもカイルはピアノのバッグにピーター・パンのキーホルダーをぶら下げてレッスンに向かう。

ピアノのレッスンバッグにつけたピーター・パン。
いつもカイルを見守ってくれている

おわりに

　終始、上へ下へと大きく揺れ動く母の思いに最後までお付き合いくださった読者のみなさん、本当にありがとうございました。

　息子カイルが歩んできた道のりを振り返る作業は、わたしたち夫婦にとってとても貴重な機会でした。なかには忘れていることもあり、書きためた日記や先生方との交換日誌、アルバムを見返しているうちに、その当時抱いたさまざまな感情を思い出しました。

　そして、音楽がわたしたち家族にとって何よりも大きな救いだったことを再認識しました。想像を絶するような困難が押し寄せたときもカイルのそばにはいつもピアノがあり、ピアノを弾いているときのカイルはいつも笑顔でした。

障害はそう簡単に乗り越えられるものではありません。しかし、多くの方に支えられ、新しいことにチャレンジしていくなかで、カイルは少しずつ自信を得ているように見えます。それらはピアニストとして、作曲家として成長する糧《かて》となっています。

思春期に訪れた感覚過敏によって学べることが少なかったカイルには、これから学ぶべきことがたくさんあります。相変わらず困難が伴うこともあるでしょう。しかし、わたしたち夫婦はかれを支え、これまで多くのものを与えてくださったみなさんに恩返しをしていきたいと考えています。

じつは、カイルには大きな夢があります。いつか自分が作曲した音楽でオーケストラやビッグバンドと共演することです。これまで自分の世界に閉じこもりがちだったカイルが、大勢の音楽家たちと感動をともにする日を夢見ています。

最後になりますが、わたしたち親子を愛情をもって導いてくださった先生方、つらいときに励まし慰めてくれた友人のみなさん、この場をお借りして御礼申し上げます。

全員のお名前を挙げることはできませんが、本書の出版にあたり、お力添えくださった多くのみなさんに深く感謝いたします。カメラマンの小松士郎さん、装丁家の國枝達也さんのおかげで素敵な佇《たたず》まいの書籍になりました。玉居子泰子さん、ＮＨＫ出版の祝尚子さんは膨大な家族史と格闘しながらわたしたちが歩んできた苦楽をいっしょに感じてくださいました。陽だまりのようなおふたりのおかげで、肩肘を張らず自分らしく書き進めることができました。

そして、陰日向となって支えてくれる家族にも感謝の気持ちを伝えたいと思います。ありがとう。

２０２０年１月

紀平由起子

紀平凱成　プロフィール

2001年、紀平延久・由起子夫妻の長男として福岡に生まれる。音楽好きの両親の影響で幼少期より楽器に囲まれて育つ。2017年16歳で英国トリニティ・カレッジ・ロンドンの検定試験に100点中97点という高得点で合格し、これまで数人にしか与えられていない奨励賞を受賞。翌年、同カレッジの学士資格を取得。2018年全日本ジュニアクラシック音楽コンクール全国大会ピアノ部門審査員賞受賞。同年、日本クラシック音楽コンクール全国大会入賞。2019年4月にホールデビュー、同年10月にCDデビューをはたす。東京大学先端科学技術研究センターと公益財団法人日本財団の「異才発掘プロジェクト」第1期ホームスカラー。メディアで生い立ちや音楽活動が紹介されて大きな話題になる。

カバー写真　小松士郎
ヘアメイク　星野加奈子
撮影協力　LINE CUBE SHIBUYA
編集協力　玉居子泰子
校正　小森里美
本文DTP　滝川裕子

紀平由起子（きひら・ゆきこ）
1971年生まれ、岐阜県出身。大学卒業後、メーカー勤務のかたわら、シンガーソングライターを目指す。出産を機に子育てに専念。凱成氏が小学校の特別支援学級に在籍時、ボランティアで読み聞かせ活動を始める。その後、図書館司書の資格を取得。現在、ピアニストとして活躍する凱成氏の音楽活動をサポートしている。

カイルが輝く場所へ

発達障害のわが子がピアニストとして羽ばたくまで

2020年2月20日　第1刷発行

著　者　紀平由起子　©2020 Kihira Yukiko
発行者　森永公紀
発行所　NHK出版
〒150-8081 東京都渋谷区宇田川町41-1
電話 0570-002-151（編集）
0570-000-321（注文）
ホームページ　http://www.nhk-book.co.jp
振替 00110-1-49701

印刷・製本　図書印刷

Printed in Japan　ISBN978-4-14-081811-4　C0095